La España de Felipillo...
Valió un Carajillo

Manolo Sabino

ISBN: 978-1-4269-3786-6 (sc)
ISBN: 978-1-4269-3785-9 (e)

Library of Congress Control Number: 2010910306

*Our mission is to efficiently provide the world's finest, most
comprehensive book publishing service, enabling every author to
experience success. To find out how to publish your book, your way,
and have it available worldwide, visit us online at www.trafford.com*

Trafford rev. 7/19/2010

 www.trafford.com

North America & international
toll-free: 1 888 232 4444 (USA & Canada)
phone: 250 383 6864 ♦ fax: 812 355 4082

Al inmortal patriota cubano:
Orlando Zapata Tamayo.

Toda historia, por muy tediosa que sea, siempre tiene sus partes interesantes. Pues, ellas suelen ser como las mujeres: que por muy feas que sean siempre tienen algún atractivo. Pero, así como hay mujeres que son más atractivas que otras, existen narraciones que son más atrayentes que otras. Te voy contar una, que a mí me resultó fascinante desde el mismo instante que su protagonista comenzó a narrármela. Esta historia tuvo su comienzo una tarde del mes de mayo, en el litoral de una bella playa de Miami Beach. Ese 20 de mayo había transcurrido sin noticias internacionales que alcanzaran el grado de atrayentes. Aunque el sol aún se proclamaba Rey, el día se hallaba en la fase final de su perenne y rutinario itinerario. Esa bella tarde, como todas las del romántico Miami Beach, invitaba al romance; al furioso amor que las horas han acumulado hasta rebosar la copa del deseo; del placer. Como todos los días a esa hora: las cinco de la tarde, yo quemaba calorías trotando por el litoral de la playa. Y de pronto, mis ojos divisaron a un hombre sentado frente al mar, que se mantenía con la vista fija hacía el alucinante horizonte marino: estaba llorando en silencio. Me le acerqué, y le pregunté si

1

él tenía un problema de salud, económico o familiar. Después de medirme y pesarme, mirándome de hito en hito, me dijo:

—Gracias, benevolente ciudadano, por preocuparse por mi estado; pero mi asunto no está relacionado con la salud física ni económica: !Gracias a Dios! –Hizo una pausa, retomó el horizonte marino, bajó el tono… y agregó: Está vinculado con mi tradición familiar.

—¿Con su tradición familiar? –Le dije, con pasmosa curiosidad-. Usted, amigo, suena como una especie en extinción; como un ser arcaico, que vive aferrado a una vieja y obsoleta tradición; que está haciendo todo lo humanamente posible para subsistir, en una sociedad ultramoderna, que vive en la era cibernética. ¿Cierto?

—Cierto; amable caballero –me decía, con temblorosa voz y cargado acento nostálgico-. Por comportarse con mi persona con tan elevado amor cristiano, le explicaré el porqué mi tradición familiar, me ha atiborrado de desengaños y colmado de desencantos.

Después de limpiar las lágrimas que rodaban por sus mejillas, lanzar al mar un puñado de arenas y suspirar profundo, sin quitar la mirada del fascinante horizonte marino, comenzó a contarme su historia:

—Desde que tuve uso de razón, mi padre me decía: "Hijo, tú puedes pensar lo que se te venga en ganas sobre tu nacionalidad: que eres latinoamericano, o cubano; pero quiero que jamás olvides que tu eres un español. Pues, la sangre que corre por tus venas es tan española como la Guadarrama. Ya que, españoles eran tus tatarabuelos, españoles tus abuelos, y españoles son tus padres. Por ello: tú eres un español.

—!Pero es que yo he nacido aquí, en Cuba! Y uno es de donde nace. ¿Cierto?

—!Yo también nací en Cuba! ¿Es que habéis olvidado que Cuba es un pedazo de España? ¿Qué fue España quien la desarrolló; organizó, educó, y le sembró en sus entrañas el idioma español? Hijo, siembra esto en tu testa: Cuba fue, es, y siempre será una hija de España. Nunca: el corazón de un cubano sentirá más orgullo, que, cuando mirando fijamente hacía el Este cardinal, grite: ¡España: tu eres mi madre patria! Por ello aunque nací en Cuba, y la amo mucho, yo soy un español. Esa es la herencia que me han dejado mis padres. La que, por su excelsitud, se ha convertido en nuestra sagrada tradición familiar. Para que puedas comprenderme, con la magnitud que ello merece, necesitas tener más edad. Para continuar con nuestra inviolable tradición familiar, cuando vos cumplas 14 años, te contaré la historia de nuestra familia. Pero, mientras los años transcurren, tienes que repetir, todos los días: ¡Yo soy un español!

Mientras el tiempo transcurría, mi padre no sólo me repetía que sobre todas las cosas tenía que ser español, sino también que solía corregirme cuando yo hablaba sin pronunciar la S y la R, al final de las palabras; y me obligaba pronunciar la C, y la Z, con un acento puramente castellano. Así fueron pasando los días las semanas y los meses; hasta que llegó el día de mi cumpleaños número catorce. Confieso que ese día yo lo esperaba con harta inquietud; sobrecargado de emociones. Pues, fueron mis primeros catorce años de vida recibiendo una sobredosis diaria de adoctrinamiento; diciéndome, mi padre, que yo, sobre todas las cosas tenía que ser un español; pues, esa era la tradición de nuestra familia.

Cuando las primeras brisas de la pubertad, comenzaron acariciar mis tiernos sentimientos, conocer la tan anunciada tradición familiar se me había convertido en una obsesión. Mis padres me enseñaron, desde que di mis primeros pasos, que cuando me levantara por las mañanas fueran donde ellos y les diera los buenos días. Ello también era una tradición de la familia. Ese histórico día, el día de mi cumpleaños, me levanté más temprano de lo acostumbrado. Y, como si fuese un sediento perdido en un árido desierto, que presa de un estado avanzado de deshidratación ha divisado un oasis rebosante de agua fresca, y corre en busca de su tan deseada salvadora, me dirigí hacía mis padres para darles los buenos días, y preguntarle a mi padre, por la deseada y tan esperada, historia de nuestra tradición familiar.

—!Padre, hoy su hijo cumple 14 años de edad! –Exclamé al tiempo que penetraba en el cuarto-. Quiero, padre; que me cuente la historia de nuestra tradición familiar. ¡Usted me la contará ahora! ¿Cierto?

—!Por supuesto que lo haré! Más que un compromiso, ello es una obligación. Pero primero, como te ha enseñado tu madre y es tu costumbre debes darnos los buenos días.

—!Buenos días, padres! Y perdonen mi olvido; pero, es que pudo más el incalculable deseo que tengo de saber: el porqué yo tengo que ser, por encima de todas las cosas, un ciudadano español.

—Os habéis dado cuenta, Josefa: nuestro chaval es todo un español. –Dijo mi padre a mi madre-. Si es lo que yo tanto te he repetido, mujer; la España se nos mete tanto en el alma, que nos cala hasta el mismo

4

centro del corazón. ¡Bendita seas mil veces España! Pero que hondo te incrustas en tus hijos! Hijo, si algún día vuestro padre se ha alegrado de que falles en tus buenos modales ha sido hoy; porque, ello quiere decir que la condenada España se te ha metido hasta las médulas; que sólo la muerte podrá sacártela del alma; pues, tú serás, hijo mío, eternamente, un español.

—!Pero ustedes padres, han nacido aquí, en Cuba; como yo! -Les decía-. ¿Por qué ese desenfrenado amor por España? ¿Acaso olvidaron que nuestra Cuba se liberó de España al ganarle la guerra?

—Es ahí, en ese renglón, donde te alejas de la realidad. La guerra de los mambises, fue una guerra contra la Corona española; no contra el pueblo español. ¿No eran los principales cabecillas de los mambises hijos de españoles? ¿Acaso José Martí no vivió más tiempo en la tierra de sus antepasados que en Cuba? ¿No sorprendió la pubertad a Martí: estudiando en la España de sus padres? Hijo; Cuba se liberó de la Corona española; no de España. Los cubanos siempre hemos reconocido que España es nuestra Madre Patria. Ello te dice: el porqué nuestro gran amor por España. Hijo; yo te contaré todo lo relacionado con nuestra tradición; pero debes tener paciencia; que esa es una de las principales virtudes de un español; sobre todo, si es leones y aldeano. Debo decirte que nuestra familia es originaria de una Aldea: de Melezna; un pedazo de la castellana provincia de León; somos aldeanos. Ello nos hace más español aún; los aldeanos, amén de vivir tenazmente obstinado a las sagradas tradiciones, legadas por los fundadores de nuestra, siempre amada, España; vivimos aferrados a nuestra tierra; dándole gracias, todos los días, por darnos los productos que suelen alimentar a la familia española. Para nosotros no existe una emoción más grande, que recibir los frutos dados por la sagrada y fecunda tierra española. Los aldeanos, hijo, solemos alimentar, a nuestros coterráneos españoles, con los frutos producidos por nuestra amada tierra. Es por ello que para un buen español no existe orgullo más grande que el de ser un aldeano. Te contaré la historia de nuestra familia; pero, primero deja que tu madre te de un abrazo, y un beso, por ser el día de tu cumpleaños. Yo lo haré después; pues, para los españoles, la madre está por encima de todos. Y segundo: que antes de comenzar a contarte la historia de nuestra tradición familiar, debo hacerte un regalo.

Mi padre se dirigió hacía un rincón del cuarto, donde se hallaba un antiguo baúl. Después de haberlo abierto, sacó un viejo cofre de madera que, a simple vista, se veía bastante gastado, por el paso de los años. Y, al tiempo que caminaba hacia mí, decía: «Este regalo, que voy hacerte, simboliza nuestra tradición: ¡La sagrada tradición de nuestra familia! Antes de tu recibir, este valiosísimo tesoro, debo decirte la responsabilidad que asumiréis al obtenerlo. La principal condición es: que nunca podrás deshacerte de él. Sólo cuando tu primer hijo cumpla 14 años de edad y, después que hayáis cumplido al pie de la letra con los requisitos de nuestra tradición familiar, se lo entreguéis en una ceremonia, como esta que nosotros estamos realizando.»

—No sé si era su intención; pero la actitud de mi padre hizo que el sentido de la curiosidad se me elevara hasta la cima del Everest. Y en el instante que iba a gritarle: cuál es esa tradición familiar, después de desempolvar el viejo cofre de madera, mi padre, al momento que con temblorosas manos me lo entregaba; me dijo: «Abridlo, hijo mío; abridlo; que tu padre quiere que vos descubra lo que hay adentro de ese histórico cofre.»

—Aún recuerdo, que tanto me temblaban las manos cuando abría aquel viejo cofre de madera. Mi mente iba más de prisa que mis manos; ambos habían perdido la sincronización. Respiré profundo para reencontrarme con la calma; cuando lo logré, al ver el contenido, del viejo cofre, no pude evitar mi asombro y exclamé:

—!Ah! Pero, aquí lo que hay es un manuscrito y una bandera adentro de una boina. ¿Dónde está el famoso tesoro de nuestra familia?

—En tus manos, hijo; en tus manos.

—En mis manos sólo tengo el manuscrito, la boina y la bandera de España. Yo no veo el gran Tesoro del que tanto vos me habéis hablado.

—¿Hijo mío; es que no habéis dado cuenta que esa bandera, de España, esa boina y ese manuscrito: es el tesoro del cual tanto te he hablado; qué ello representa la tradición de nuestra familia?

—!Pero usted, padre mío; me hablaba de un valiosísimo tesoro? De un tesoro que era fruto de la fiera lucha que nuestra familia española tuvo que librar en las Indias Occidentales, para defender la Corona Española.

—¿Y quieres un tesoro más valioso que éste? ¿Acaso no sabéis que esa bandera, esa boina y ese manuscrito tienen un valor incalculable; qué para saber cuál es su valor simbólico tenemos que desempolvar a Pitágoras?

7

Hijo; meteos esto en tu testa: Los valores simbólicos de nuestra patria tienen un valor ilimitado. Un centavo, que tenga un valor simbólico de la patria, puede valer trillones de Euros. Esa bandera, hijo; fue hecha por la madre de mi tatarabuelo, en el 1838, en Melezna; una bella Aldea de la castellana provincia de León, Castilla la Vieja, España; para que acompañara al tatarabuelo en su viaje a las Américas; para que tuviese a su lado un símbolo de la España que lo viera nacer —me decía mi padre con notable acento de orgullo y en un cargado tono de melancolía-. Esa boina: es la que él trajo puesta. Y ese manuscrito fue escrito por el tatarabuelo antes de morir. En ese documento el tatarabuelo nos describe las tantas vicisitudes que tuvo que pasar en su fatigoso viaje a las Américas; y lo que él vio y tuvo que callar, en su estadía en Cuba. También, el porqué sus descendientes deben de sentirse españoles. El cofre lo heredó mi bisabuelo; después mi abuelo; después mi padre; y después lo heredé yo; ahora lo heredas tú. Pero siéntate, hijo mío; que te voy a contar como fue que comenzó nuestra, histórica, tradición Familiar.

Por los 1830's, en Europa soplaban fuertes vientos divisorios; brotaban guerras por doquier. En esa, tan turbulenta época, la España de nuestros antepasados necesitaba más soldados que obreros; sobre todo, para mantener sus Colonias en las Américas; puesto que, estas eran asediadas por las coronas: la inglesa, la francesa, y la holandesa. Estas solían enviar a sus aristócratas disfrazados de bucaneros a saquear las Colonias que tenía la Corona española en las Américas, para después, con el mayor cinismo que registra la historia, recibirlos como héroes y cubrirlos de honores como reconocimiento a sus Valiosos Servicios al Reino. ¡Al vertedero la sangre azul y el rancio linaje! ¡Todos hacía el botín; todos hacía el oro y el saqueo; todos hacía América! Era esta, la más popular consigna entre la aristocracia de la Europa del siglo XVI. Uno de esos clásicos aristócratas feudales lo fue el francés Jacques Cartier; que debutó por estas tierras en Cartagena de Indias, donde él, y sus hombres, asaltaron, violaron e incendiaron. Después enrumbó hacía Cuba. Allí saqueó, mató y se llevó cuanto encontró. A Jacques Cartier, el Rey Francisco I de Francia, no sólo hubo de cubrirlo de honores, sino también que le proporcionó cuatro barcos tripulados por presidiarios, homicidas y rateros, para que colonizara lo que es hoy Canadá. Otro que realizó operaciones de piratería contra los asentamientos que España mantenía en las Américas, fue el corsario inglés Francis Drake. También los Reyes ingleses, no sólo lo recibían con todos los honores, sino también que lo nombraron Caballero del Reino. Otro célebre bucanero británico que solía asaltar las Colonias Españolas de las Américas, robando, matando y quemando las ciudades y que fuera nombrado Caballero del Reino, lo fue Henry Morgan. A Henry Morgan, no sólo lo condecoraron Sir, sino que también lo nombraron: Teniente Gobernador de Jamaica. Así estaban las cosas por Europa, en esa revoltosa época. Todos estaban contra la Corona de Castilla. Y quienes pagaban las consecuencias eran los habitantes de las Colonias Españolas de las Américas. Es decir: los familiares nuestros; pues, ellos eran de España, o hijos de los españoles que vinieron a las Américas para defender la bandera de la España que los viera nacer. Conclusión: Todos eran hijos de la misma bandera: de la gloriosa bandera de España. En el 1838, el tatarabuelo vino para la Isla de Cuba como soldado de la corona. En su viaje trajo a su mujer y a sus dos hijos; una hembra y un varón. A sus hijos les enseñó que ellos, no sólo eran españoles, sino que cuando tuvieran hijos estos también tenían que serlo; puesto que, su familia seria española hasta la tumba. Ya que, ese fue el juramento que le hice a mis padres y a mi querida Aldea: Melezna, cuando, por defender la gloriosa bandera de mi amada España, yo tuve que abandonar, con dolor en el alma, a mi tierra. No sólo les decía que tenían que ser españoles hasta la muerte, sino también que tenían que luchar para que la España fuera, como la España que él soñaba: Digna; Cristiana, y Altruista. Y les enseñaba ese cofre, que tienes en tus manos, con la Bandera de España, y la Boina, que le acompañó en su viaje a las Américas. Uno de los grandes obstáculos, que tuvo que vencer el tatarabuelo cuando llegó a la isla de Cuba, fue cuando notó que muchos de los españoles que se habían enrolado en el ejército español, para que los enviaran a las Américas, eran unos corruptos. Estos, dice el tatarabuelo en ese manuscrito, estaban robándole a la Corona. Pues, ellos se ponían de acuerdo con los Piratas, para que estos asaltaran los Galeones que iban cargados de oro para la Corona Española. Les decían a los Piratas el día, la hora, la ruta y la cantidad de oro que cargaban en sus Bodegas, para, después del asalto, dividirse el botín entre ellos. ¿Qué otra cosa podía aguardar la Corona si los primeros que se brindaron para venir a las Indias Occidentales eran presidarios, homicidas y rateros?

¿Qué se podía esperar de esa caterva de delincuentes que no fuera corrupción y muerte? Solamente había que comprender, que la culpa de los atropellos que se cometían en las Américas no era de la Corona española. Ya que la culpa la tenía la mala comunicación existente en esa época. Además; la Corona Española era la más asediada por los imperios existente de esa época. Lo que más me dolía, dice el tatarabuelo, en ese histórico manuscrito, que algunos habitantes de Cuba, que eran españoles e hijos de españoles, aplaudían con delirante frenesí a los corsarios y a sus cómplices, cuando éstos le robaban a la Corona. Que recibieron a los ingleses, cuando estos invadieron a Cuba, con gritos de: ¡Viva Inglaterra! Cuando yo le dije esto a La Corona, decía el tatarabuelo recibí esta repuesta: Sabemos que ello está pasando en las Américas; también, que nosotros no podemos evitarlo. La distancia, lo largo y engorroso del viaje, no nos permite llegar donde los corruptos. Que, por ello; la Corona había llegado a la Real, y sabia conclusión: que lo más saludable, para la Corona, era recibir parte del Botín. Puesto que: «Del lobo un pelo.» Cuando el hijo del tatarabuelo, mi bisabuelo, cumplió los 14 años, el bisabuelo le entregó ese cofre con el manuscrito, la bandera de España, y la boina que lo acompañó en su viaje a Cuba. Y le dijo las palabras que hoy te he repetido. Así nacía nuestra tradición familiar. Cuando abuelo cumplió los 14 años, el bisabuelo le entregó ese cofre que tienes en vuestras manos; el que guarda nuestra tradición familiar. En el 1898, España perdió a Cuba. Los Estados Unidos de Norteamérica habían ayudado a los cubanos a obtener la libertad. Los cubanos no botaron a los españoles de Cuba: Pues, era su raza. En el fondo, ellos sabían, harto bien, que todos éramos españoles; puesto que, Cuba era una hija de España. Que la liberación fue una suerte de autonomía. Pues, todos nos unimos y juntos gritamos: ¡Viva Cuba libre! Pero los malvados, que se quedaron; los que aclamaron con vítores a los bucaneros ingleses; los que aplaudían a los piratas, cuando estos se robaban el oro de la Corona española; los que querían la anexión con Los Estados Unidos; fueron los que comenzaron a corroer los cimientos de la nueva República, criticando la Enmienda Platt: un anexo, que le fue puesta a la constitución cubana de 1901, para proteger a Cuba de los corruptos que se habían unido a los bucaneros; los que aclamaron con vítores a los invasores ingleses; los que tenían sentimientos de dictadores; a los apátridas; conclusión: a las Yucas Podridas.

En el 1906 nació mi padre. Cuando cumplió los 14 años, el abuelo le hizo entrega del legendario cofre. Y cuando yo cumplí los 14 años, mi padre me hizo entrega del histórico cofre familiar. Aún retumban en mis oídos las palabras que me dijo, mi padre; que son las mismas que yo te he dicho; por ser el día que estas cumpliendo 14 años de edad. Hijo, este Cofre contiene la Bandera de nuestra España; el manuscrito que nos legara nuestro tatarabuelo, y la española boina que él trajera puesta cuando por defender a su amada España, viajó en un Galeón español, a Cuba. Quizás al escuchar que el tatarabuelo viajó en un Galeón español desde España hasta Cuba pienses que es algo sin importancia; pero, para que tengáis una idea, de lo peligroso que era esa súper engorrosa travesía, los barcos eran de vela y de remos; pero al ser tan violento el Atlántico más de la mitad del viaje había que hacerlo remando. Para que tengas una idea, de lo harto peligroso que era viajar de España a Cuba, en los siglos XVI y XVII, te diré que era tan peligroso como lo es hoy viajar de Cuba a Estados Unidos en una rústica Balsa. Como lo están haciendo nuestros hermanos cubanos en esta época. Si piensas que estoy exagerando, te diré que en aquella época no existían los adelantos que hoy existen en la navegación. Hoy día, los meteorólogos te dicen las condiciones del tiempo por la ruta, que vas a navegar, así como las posibilidades que nos encontremos con una tormenta tropical, o que nos azote un huracán. Hijo mío; este histórico cofre simboliza la tradición de nuestra familia. Yo, para continuar con la tradición que nos dejó como herencia el tatarabuelo, te pido que, por sobre todas las cosas, seas un español. No sólo te pido que seas un español sino también que lo sean tus hijos, mis nietos; y sus descendientes. Y también, que si yo muero en las Américas, me entierren en la castellana provincia de Leon; exactamente en la aldea Melezna. Pues, allí están nuestras raíces. ¡Esa es nuestra tradición familiar!

En el año: 1979, tuve que llevar a mi padre para La Habana. Los médicos de Camagüey le detectaron un tumor canceroso en los pulmones. Los recursos en los hospitales locales estaban en cero; los medicamentos escaseaban y los buenos médicos solían brillar por su ausencia. La Habana estaba casi igual; sólo que en la urbe capitalina teniendo hartos dólares, se conseguía lo necesario. Estando en la capital cubana, me di cuenta de la situación que realmente estábamos viviendo en Cuba. En la finca de Camagüey teníamos de todo para comer; pero, lo único que abundaba en La Habana era el hambre y la represión. Allí había escasez de todo; menos de delatores. Sobraban los Comité de Defensa de la Revolución; las represivas Brigadas de Repuestas Rápidas; pero faltaba la carne; el arroz; los frijoles; la moral. En suma: en La Habana escaseaba las normas morales; la ética humana; allí, ni siquiera se acordaban de los más elementales derechos humanos; ni existía la otrora abundante alegría del habanero; la de todos los pueblos de Cuba; pero sobraba el hambre; la insalubre tristeza; la dañina angustia; la lacerante inmoralidad.

En el Hospital Almejeira –sitio donde sólo atienden a los extranjeros, y a los que tengan dólares-, conocí a una peruana, que trabajaba en la Embajada de Perú, de La Habana. Nos enamoramos en la primera mirada: ¡Amor a primera vista! Me casé con ella, al mes de haberla conocido. No quería que mi padre se fuera de este mundo sin haber conocido a la mujer que su hijo había escogido para que fuera la madre de sus nietos; de los nietos que serían, para continuar con la tradición de nuestra familia, españoles. Además; ella era hija de un español, que le había enseñado amar a España. Esto gustó mucho a mi padre; a mí también, por supuesto. Pues, sin haber ido a España, no conocer a Melezna; la Aldea donde nacieron mis raíces, ya me sentía más español que el Rey Juan Carlos I, de Borbón. Pues, el Rey no tuvo el honor de haber nacido en Melezna; ser un aldeano. Y yo si lo tuve. Pensaba. Al casarme con la peruana, alquilamos un apartamento en un edificio del Vedado. Ello nos fue bien fácil; lo alquilamos a nombre de ella, y lo pagábamos con dólares. El apartamento estaba cerca del Hospital, donde estaba internado mi padre. Allí vivió los últimos días un cubano que, amén de amar a Cuba, fue español mientras tuvo vida: mi padre. Mi esposa le regaló el dulce placer de hacerlo abuelo antes de morir. Murió mirando a su nieto y sonriendo. Sin que me lo dijera, sabía en lo que estaba pensando cuando murió:"Que la tradición de la familia continuaba con su nieto." La sonrisa, aliñada con tanta satisfacción, que mostraba su rostro al morir, me lo comunicó. Ello me hizo sentir más español que Rodrigo Díaz de Vivar: Pues, el Cid, aunque era leonés, no era aldeano; como mi familia... pensaba. Después de la muerte de mi padre, seguí viviendo en La Habana. Yo quería hacer las gestiones necesarias para trasladar sus restos para la Aldea, donde nacieron las raíces de nuestra familia: Melezna. Allí se hallan enterrados los restos desde el tatarabuelo hasta el abuelo. El gobierno comunista no quería que me llevara los restos de mi padre para España; alegaban que mi padre, amén de haber nacido en Cuba, era un buen revolucionario. Eso de que mi padre era un buen revolucionario, lo decían porque mi padre escondió a los guerrilleros que Camilo Cienfuegos y Ernesto Che Guevara comandaban cuando pasaron por las llanuras camagüeyanas, y estuvieron en nuestra finca de Camagüey, en su incursión hacía las Villas. Si mi padre simpatizaba con la revolución era porque, su máximo líder: Fidel Castro, no sólo era hijo de españoles, sino que odiaba a los yanquis. Y odiar a los yanquis era muy importante para la mayoría de los españoles. Pero, después del triunfo de la revolución cubana, el pichón de gallego: Fidel Castro, nos confiscó nuestra finca; sólo nos dejó las cinco cuerdas donde se hallaba ubicada nuestra casa. Ello, no sólo decepcionó a mi padre, sino también, que le quitó la vida; pues, él entró en una profunda depresión, de la cual nunca salió. Mi padre nunca me lo dijo; pero por su actitud, y las palabras que me dijo antes de morir, él me lo dio a entender: "Que si yo tenía que irme de Cuba, por disentimiento político, me fuera para España. Que no lo hiciera para los Estados Unidos. Porque los americanos fueron los que sacaron a la Corona Católica española de Cuba. Que eso ningún español, o hijo de español, podía olvidarlo." Al no estar de acuerdo con el giro que tomó, me sentí defraudado por el proceso de la revolución. Todo ello, más la decepción que hube de sentir, cuando no quisieron que mi padre fuera enterrado en España; en la Aldea Melezna; hizo que decidiera irme para la gloriosa tierra de mis antepasados; para la España que mis padres me habían insuflado en el alma; la que corre por mis venas; la que se me había metido hasta el centro de la médula ósea; la que de lejos lloraba; la de mi idioma: para la siempre querida Madre Patria: para la España de mi alma. Mi esposa y yo acordamos viajar al Perú y de allí a España. Ella, mi esposa, se hizo cargo de gestionar mi visa, a través de la Embajada de Perú en la ciudad de La Habana. Para matar el ocioso tiempo, de la espera de mi visa, todos los días me iba a pescar al litoral habanero. Mientras vos tengáis un cubano a vuestro lado, os puedo jurar que jamás os ha de visitar el aburrimiento. Enseguida hice amigos; Gusanos, por supuesto. Los fidelistas están amargados, paranoicos; viven pensando las veinticuatro horas del día en matar para que no los maten; la otrora alegre y bien ruidosa Habana la han convertido en la Capital del silencio; de la tristeza. Sus rostros reflejan la palidez del infierno; el cansancio del fracaso; la timidez del final. Saben que los persigue la muerte; que están condenados a un suplicio eterno. Cohabitan con una lóbrega, siniestra y tétrica maldición. Son funestos; sombríos; fatalistas. Por las noches solía irme, con el grupo de amigos, a disfrutar de la suave y refrescante brisa del Malecón Habanero; a contar los últimos chistes que el pueblo suele inventar, tomando al comandante en jefe como figura alegórica; interpretar canciones de los recuerdos, acompañados por añejadas guitarras, en cuya fina y sonora madera el paso de los años le han dejado sus huellas grabadas; cantadas por románticas primas, y segundas voces, que se han marchitado por los efectos del aguardiente y el tabaco; por afinados oídos a los que, ni los años ni la nostalgia del floreciente ayer ni la amarga tristeza del precario presente ni la implacable melancolía del negro y tan harto confuso futuro, habían cambiado. Habíamos logrado reunir a un excelente grupo de amigos. Se componía de todas las esferas sociales: desde el limpia piso en los cuarteles hasta los altos profesionales de la medicina: los médicos. Todos, por supuesto, gusanos. La primera guitarra la tocaba Sungo Baraguá. Sungo, no sólo era la voz prima del grupo, también el más ocurrente. Tenía la costumbre de usar las letras de las canciones para pasar mensajes. Cuando llegaba alguien que el grupo no conocía, y él estaba cantando, solía cambiar las letras de lo versos a su antojo para indicarnos que había un ser extraño en el ambiente. Lo hacía con un dominio de la métrica rítmica y melódica, tan exacto, que había que saberse muy bien las letras de las canciones para darse cuenta del plagio. Para darle a entender que lo habíamos copiado, nosotros le decíamos: Asi se canta: Beethoven. Le decíamos Beethoven, por su extraordinaria habilidad para improvisar; pero a él no le gustaba; pues, en la jerga de la música popular, se le dice Beethoven a los músicos que tocan de oído y que suelen tocar mal. Es una forma de decirles: Tocas de oído y eres sordo. Cuando Sungo permanecía callado, cosa muy difícil, pues, hablaba más que un Lector de Tabaquería, para provocarle su chispa humorística, le preguntábamos: que si él era familia de Beethoven: "En lo único que nosotros nos parecemos, es en la audición: Beethoven era sordo y yo toco de oído. Además: es muy difícil que un negro Carabalí, como yo, sea familia de un blanco, de pelo rubio, de ojos azules, y Alemán." Es verdad; apoyaba alguien del grupo. Además; por su virtuosismo en la ejecución de la guitarra, a quien más se parece, Sungo, es al Concertista español: Andrés Segovia. Aquí, el grupo reía."Segovia tocaba mejor que yo el Concierto de Aranjuez; pero yo toco mejor que él, que Segovia, el Son Montuno. Decía Sungo, con el buen humor que le caracterizaba. Cuando le preguntaba que: cómo estaba la situación económica y política de la Isla, asumía una fingida postura paranoica, miraba a su alrededor, con los ojos desorbitados, y decía, con gestos y palabras cargadas de misterios: ¡La cosa está peor que caótica! Y agregaba: «¿Saben ustedes en que se parece una negra embarazada a la Cuba de hoy? Pues, a que la negra embarazada tiene un negro por venir. Y la Cuba de hoy también tiene un negro porvenir.» Decía con su hábil expresión satírica; después se desternillaba de la risa. Un episodio en la vida de Sungo que nunca he olvidado, no sólo por su harto agradable contenido sino

18

también porque fue una de esas noches que La Habana hace alarde de su belleza; que se viste de gala con su sombrero plateado que el cielo le coloca en las noches de Luna llena, y que su Malecón hace alarde de belleza con su largo y ancho espejo marino, tendido en todo lo largo de su litoral, para que la Luna que cuelga del cielo cual un farolito criollo, coquetee reflejándose en él, y para que los poetas, que la contemplan, digan en sus románticas Odas: Que no hay Luna más romántica y bella que la alucinante Luna del malecón habanero; fue un día que llegó un extraño y le dijo a Sungo:

—¡Oiga, amigo! Si no fuera porque yo soy nieto de Miguel Matamoros... y que soy Gusano, no me hubiese dado cuenta de que ese Bolero, que usted acaba de fusilar, es el Bolero Son: Olvido, de mi abuelo Miguel.

—¿Por qué me dices eso? —Le preguntó Sungo, con fingida cara de asombro.

—Porque según tengo entendido mi abuelo en esa canción no menciona ni chiva ni cuidado con el extraño.

—Le pido mil perdones a Miguel Matamoros, y a su nieto; pero la culpa la tiene el maldito Chispa e' tren; puesto que, cuando me tomo más de dos copas de ese revolucionario mejunje se me olvidan las letras de las canciones. A veces que intercalo arroz con frijoles negros y bistec con tostones de plátano burro, en las letras de los Boleros románticos.

—¿Y qué le dicen los oyentes? —Preguntó el extraño.

—Es cuando más me aplauden; hasta me suplican que lo repita. Y, también, me piden palillos mondadientes.

—¿De subvenir? —Preguntó el extraño.

—¡No! Ellos lo hacen para hacerse la idea que se han comido un bistec con arroz y frijoles. Muchos de mis oyentes dicen, en sus casas, que van al Malecón para hacer ejercicios Yoga; pues, a la vez que comen carne y arroz con frijoles, con la mente, están recordando que esos productos son parte de la dieta humana. Eso si, que esta moña quede entre Gusanos. —Dijo Sungo con hábil acento sardónico.

—El único orgullo que nos queda a los cubanos -decía el extraño, es la chispa humorística que nos inyectaron nuestros antecesores, en la otrora alegre Cuba. Chispa que penetrara tan profundo, en la idiosincrasia del cubano, que ni siquiera la horrenda y súper terrorífica represión comunista, aplicada por la revolución cubana, ha podido exterminar. Sólo han logrado bajarle un poco el volumen; disminuirle el tono al cubano; pero no han logrado extinguirle el gracejo.

—Pero… no sólo del humorismo viven los pueblos —Objetaba Sungo.

—Ni de los ejercicios Yoga —puntualizó el extraño.

Existen dos excesos, en el Negro Cubano: la chispa humorística y la superstición. Estos eran los que más se notaban en Sungo Baraguá: ¡Solavaya… a mi casa no vayas! —exclamaba Sungo, al tiempo que se persignaba. ¡¡Grúufff… que se vaya el Ñucurutú!! —Concluyó.

—¿Qué te pasó Sungo? —Le preguntó el Psicólogo.

—¿Tú no oíste cantar, la Lechuza que pasó volando sobre nosotros? –Le respondió Sungo.

—!Mira, Chico; ni la lechuza que te canta ni el rayo que te mata veras vivo! Esas son puras supersticiones pueblerinas... ignorancia de la plebe.

—Eso es lo que me jeringa de ustedes los Psicólogos: que no creen en las supersticiones —respondía Sungo-. Chico: déjame gozar vivo lo que no gozaré muerto. ¡Yo disfruto harto mis supersticiones! Además: Ello es lo único que la revolución: del Muelero Mayor, no nos prohíbe. Así es que goza tú, tu Psicología, y déjame gozar, a mí, mis supersticiones.

—Yo disfruto diciéndote la verdad.   ¡Soy Psicólogo!

—!Mira, mi socio; esta vaina sólo se arregla así!—Dijo Sungo, al momento de agarrar la botella de Chispa e' tren, por el cuello, y gritar: ¡Bridemos! Este por los hermanos balseros que han muerto al tratar de cruzar el violento mar Caribe, por el estrecho de la Florida, atesorando en sus corazones el deseo de alcanzar Tierra de Libertad. —Decía Sungo, al tiempo que echaba al mar un chorrito de Chispa e' tren. Y este por nuestra salud. —Exclamó, al tiempo de tomarse el resto.

—Este és: Porque muera el que está matando a los balseros—decía el Psicólogo, al tiempo que echaba al mar un sorbo de Chispa e' tren. ¡Aleluya! Dijeron todos al unísono. Y este por nuestra salud. —Dijo al momento que se tomaba el resto. —¡Aleluya! Volvía a corear el grupo... con aguardentoso acoplamiento. —!Que daño me haga como miedo le tengo! —Concluyó el Psicólogo, al tiempo que se tomaba el resto de Chispa e' tren.

—¡Aleluya! —Puntualizó el coro.

—!Brindo!... Y no brindo por los amigos que hoy me acompañan, en las tristezas y en las poquitas alegrías que nos proporcionan nuestros revolucionarios y hartos represivos dirigentes. —Decía el médico del grupo, al momento que alzaba la copa de Chispa e' tren-. Brindo; y no brindo por la mujer que cuida mi vida desde la cuna; la mujer que me dio la sangre que corre por mis venas: mi madre. Brindo; y si brindo por aquélla mujer desconocida que me estrechó en sus brazos, me comió a besos; y me dijo: ¡Manolo, son diez pesos!

—!Aleluya; Aleluya! Asentía el grupo.

Así solían terminar las disputas entre ese simpático grupo de alegres cubanos. A los que la revolución solía llamar: Gusanos. Pero ellos solían contestar: Si, somos gusanos; pero gusano de luz... somos luciérnagas.

—!Excelentísimo Doctor López! —Exclamé al médico del grupo. ¿Por qué usted permanece lengüicorto?

—Primero: Doctor López a solas. No quiero títulos ni rangos en este país gobernado por destacados pillos; por ladrones; por ilustres cultivadores del odio, de la opresión y la muerte; por corazones infectados con el virus del rencor y la venganza; por asesinos; donde se vive carente del honor; donde la moral brilla por su ausencia. Un país que vive petrificado en una fracasada doctrina; donde sus militares, por su vil y mugriento proceder, suelen emanar nauseabundos olores. Un país donde la dignidad de los científicos ha sido mancillada por los Psicópatas: viven sin orgullo; avergonzados. En un país donde, desde los cinco años de edad a los niños se les enseña amar a un asesino: al Che Guevara; a odiar y matar a sus semejantes, antes que la gramática. Y, segundo: que yo vengo aquí para escuchar cuentos humorísticos y viejas canciones de los recuerdos, que suelen cantar mis amigos; para con ello, recibir la dosis terapéutica necesaria para disipar el profundo dolor, que suele sentir mi cubano corazón, al ver el inhumano y cruel sufrimiento por el que está atravesando mi país.

—Se lo pregunté, doctor; porque noté que usted se pasa el tiempo mirando hacía la torre de la Iglesia del Sagrado Corazón de Jesús; que está allá, en la calle Reina. ¿Por qué usted mira tanto esa torre?

—Porque, mientras la contemplo, va corriendo por mi mente, a la velocidad de la luz, su ayer. La Iglesia Sagrado Corazón de Jesús, está en la historia de la Capital Cubana, no sólo como la torre, sino también como la voz más alta de la ciudad. Pero hoy, a pesar de que su cúpula sigue siendo la más alta de La Habana; pues, fue construida en la cima de una loma, a la sazón su voz está como la más baja de la Capital; pues, sus sacerdotes no han tenido el coraje de un buen Católico, Apostólico y Romano, de poner su voz en la altura que debe estar la Casa de Nuestro Señor. Su voz no se escucha y, cuando se escucha, apenas se le entiende; tartamudea demasiado; no hay ni la nitidez ni fortaleza en sus palabras que pueda superar la sordina impuesta por los ateos comunistas; y que nosotros, los católicos practicantes, tanto lo estamos necesitando. Sólo nos queda nuestra fe, y la esperanza de que nos llegue un mañana más prometedor. —Concluyó el Doctor.

—Bien merecido lo tenemos. Un país que idolatra a los santeros; a los churrulleros; que necesita que hayan "Apariciones de Vírgenes", para ir a la Casa del Señor, es un país de Ateos. ¿Qué castigo se merece un país de ateos; erradicarles las supersticiones; la complicidad con el demonio; lavarse las manos con el silencio?

—Le agrego esto a sus sabias palabras hermano –le decía el médico-: «Criticamos con vehemencia la Santa Inquisición sin pensar que, quizás, América no estaba preparada aún para vivir sin el Tribunal Eclesiástico. Es cierto que habían sacerdotes que tampoco lo estaban; pero también, que al tiempo que les extinguíamos las hogueras a la Santa Inquisición, estábamos abonando el terreno para que nacieran los falsos mesías, brujos, santeros, los hechiceros y una suerte de embaucadores que, no sólo fueron corroyéndole la fe a los ciudadanos, sino también la moral indulgente. Pues, si aún existiera el Tribunal Eclesiástico, no existieran esa caterva de crueles asesinos, que suelen llamarse revolucionarios, y que en cuyas revoluciones sólo nos han dejado, como legado: destrucción; muertes; hambre, y el obligado y apesadumbrado silencio de los ciudadanos.

—No solo usted sufre callado, las herencias que le ha legado la Revolución al pueblo cubano, doctor López; si observa a la largo y a lo ancho de nuestra sufrida Isla, verás como sufren sus hijos del hambre; la miseria; de la tristeza heredada y del silencio obligado.

—Cuando veo la miseria en que viven los cubanos, pienso que ello es fácil de erradicar; pero el instinto destructivo; la vil extinción de la moral, y la fertilizada corrupción, será harto difícil; llevará muchos años.

—Quizás no mucho, doctor; ya que, posiblemente, los países que hoy nos dan la espalda nos ayuden; hasta la Madre Patria, España, tal vez nos ayude. Ya que, para esa fecha, no estarán gobernando esos que hoy suelen criticar, con harta vehemencia, la dictadura del General Francisco Franco; pero que, sin embargo, suelen alabar, cual cipayos, la criminal, harto represiva y sangrienta dictadura de Fidel Castro. Cuando lo cierto es que, el general Francisco Franco, no sólo puso a España en uno de los países más próspero, organizado, y más educado de Europa, sino también que no hubo de confiscarle las propiedades ni las cuentas bancarias a los españoles; que no se adueñó de toda España ni implantó el maldito y criminal Paredón, para fusilar a los que no fuesen Franquistas. Franco sólo perseguía a los que querían derrotarlo implantando el destructivo terrorismo. Pues, Franco era un gallego que amaba a los españoles: que amaban la Bandera española; no a los que amaban la bandera de la Oz y el Martillo: a los comunistas. Y Fidel Castro es un hijo de gallego: que odia a los cubanos y ama a los comunistas. Y que, para entonces, la Iglesia Católica hablará hasta el cansancio para ayudarnos a rehacer la República; repicarán sus campanas mucho más fuerte y escandalosas que ayer, llamando a misa. Y los amordazados sacerdotes, de hoy, desempolvarán en sus Sermones: la viejas sentencias que, permanecen oxidadas, por estar tanto tiempo sin ser usadas: Amaos los unos a los otros; pues, todos somos hermanos. No devuelvan el mal por el mal. No maldigan a sus enemigos. Dejen que sea el Señor el que castigue. Se quitaran la mordaza y, sin temor a la nauseabunda represión, repetirán en la lectura de la Liturgia de la Palabra la, ya actualizada, sentencia: «Es más fácil para un camello entrar por el ojo de la aguja, que para un comunista entrar en el reino de Dios». Pedirán que demos gracias al Señor por habernos dado la fuerza de la fe, para poder soportar el sufrimiento por el que hemos pasado; ocasionado por los que suelen odiar al prójimo, y harto maldecir a sus enemigos; por los que asesinan a sus semejantes y destruyen la moral de sus pueblos. Pero que, jamás olvidemos que el hijo de Dios sufrió más que nosotros en su Vía Crucis al Calvario. Nos invitaran a que Oremos por los Mártires que produjo el pueblo; pero que: la Iglesia cubana no tuvo.

—¿Tú crees que los gobernantes de los países que se ocultaron tras la máscara de la hipocresía y la falsedad para, al tiempo que adulaban al Comandante robarse millones de dólares, nos ayuden a recuperar la moral perdida, el respeto por la vida ajena, y el amor a nuestros semejantes, cuando se vaya el monstruo que ellos, con sus inmorales conductas, fertilizaron?

—Si lo creo; pues, dirán que ellos no lo sabían; que el Comandante y su Cúpula los engañaron. Recordemos el caso de la Alemania de Hitler: "Que ni los Nazistas ni la Cruz Roja Internacional vieron sus crímenes." Después irán a la Iglesia Católica a pedirle perdón al Señor por sus pecados. Y los sacerdotes, siempre tan interesados, le dirán: Habéis hecho bien en venir donde el Señor a mostrar vuestro arrepentimiento. Sólo con ello, y con hacer una buena Donación a tu Iglesia, Nuestro Señor, siempre tan compasivo con sus fieles seguidores, os perdonará vuestros pecados… y os dará la absolución.

—He escuchado decir: que algunos sacerdotes están de acuerdo con el ateísmo del Comandante.

—Y algunos suelen vestirse de terroristas: Dizque en nombre de Jesús. Este país está amenazado, no sólo por el ateísmo de sus hijos, sino también por el de sus sacerdotes. Cuba ha sido una isla de ateos; donde se idolatran imágenes con estrambóticos nombres, que fueron inventados por Tribus Africanas, que arrastran costumbres bien anticuadas. Pues, desgraciadamente, las extravagancias religiosas siempre han tenido una, muy fuerte atracción entre los cubanos. Sobre todo; entre aquéllos que rozan el ateísmo. Cuba es una isla donde los Clérigos que viajaron miles de millas a través de los océanos, para imponer la ley de Cristo, sólo lo lograron en las misas, en las procesiones, y en las fiestas patronales; pero no en las almas. Hoy, en Cuba, hay más ateos que ayer.

—Nadie es ateo ni creyente del todo, doctor. Aunque creamos que estamos en lo cierto, la duda persiste. Pero, una vez que cruzamos el hito de la desconfianza, ya no podemos volver para atrás.

—A veces pienso que lo de Cuba fue una venganza planeada. Para lograr su objetivo ellos, los malvados, necesitaban un falso mesías y lo hallaron en un alumno de los Jesuitas: el Comandante. Y es ahí el resultado: La Isla sumida en un profundo ateísmo y una absoluta miseria. ¿Qué puede ser todo esto sino trampas del Demonio? La venganza destruye la moral del Hombre; el perdón lo engrandece. ¿Por qué tanto odio en la Isla; quiénes lo han sembrado y por qué; para implantar una extravagante ideología; por un falso nacionalismo?

—Recuerde, Doctor; que los primeros evangelistas que tuvo la isla evangelizaban a nombre de la Corona... y después de Altísimo. No olvide que la cabra siempre tira para el monte. Y aquí, en nuestra isla, la mayoría de los evangelizadores son españoles.

—Lo sé, y ello no me preocupa —dijo-. No hay nada que nos acerque más al Señor que la verdad cristalina; diáfana; transparente. Ellos, quizás, ayer tenían sus razones; pero hoy: ¡Dios sabe que nosotros la tenemos!

¡Doctor López! ¡Doctor López! —Decía, con alterado tono, un joven al momento que llegaba al sitio donde estaba el grupo reunido.

—¿Qué pasa con el doctor López? —Dijo el médico.

—!Que la señora de Machako Mayembo, el Babalao, lo necesita con mucha urgencia! —Decía el mensajero—. Porque su hijo tiene una fiebre muy alta y ellos no se la han podido bajar... con sus mejunjes.

—!Muchachos no se vayan; que regreso enseguida! —Dijo el médico a los reunidos-. Me voy con urgencia para la casa de Machako Mayembo; el Babalao.

—!Que vil venganza de la ciencia! —Dijo Sungo, con buen humor. Un Babalao llamando a un médico para que cure a su hijo enfermo.

—Amigo, Sungo —decía el médico, con un sesgo de sarcasmo-, los años que llevo practicando la medicina científica, en este país de destacados ateos, los he dilapidado curando las enfermedades que los Santeros han causado con sus medicinas mal aplicadas.

Una noche, que estábamos reunidos en el Malecón, fueron a buscar con urgencia a Sungo Baraguá. Pues su esposa tenía dolores de parto. Raudo nos trasladamos para la casa de Sungo. Y, mientras la comadrona atendía en el cuarto de la casa, a la futura madre, nosotros estábamos en la Sala, haciendo cuentos y brindando con

Chispa e' tren, mientras esperábamos el alumbramiento. Rezando porque llegara bien saludable el esperado hijo de Sungo Baraguá. Al que, todos apostábamos que sería un buen "Gusano". Pues: de tal palo tal astilla. Apenas el viejo reloj de pared terminó de dar los 12 campanazos, indicando que eran las 12 de la media noche, se llenaba la casa de Sungo con el primitivo llanto de una criatura que acababa de arribar a la luz solar. En la Sala se hizo un silencio total. Cuando la inquietud se había hecho dueña absoluta de la Sala, salió del cuarto la abuela de la criatura recién nacida y dijo a los reunidos: ¡Es una bella niña! ¡Será reina! Y agregó: ¡Si el Señor me le da mucha salud... y el Comandante vida!

—!Reina de que carajo! —Rezongaba el padre de la niña-. Si aquí sólo hay Reyes. Al no ser que sea la Reina de las Milicianas.

—O de las Jineteras —rezongaba una tía–. Pues, así tendrá dólares... comerá carne.

—!Nó; mi hija no será una prostituta! —Replicó Sungo.

—!No habéis dicho reina de las milicianas! ¿Cuál es la diferencia? ¿Olvidaste que según la Revolución en Cuba no hay diferencia de clase?

—Por los padres que se gasta —agregaba un tío de la recién nacida, y por la tesitura que mostró en su primer llanto, esa niña será una cantante de Opera; "Gusana" y, por supuesto, balsera.

—Esa negrita será Santera —dijo la comadrona, al momento que salía del cuarto-. Yo he recibido a casi todos los niños de Barrio; y nunca he fallado en mis clarividencias. Esa niña nació Santera; lo dice la hora en que nació: en la Media Noche. Esta niña aprenderá hablar primero las lenguas Mandinga y Yoruba, que el español. Pueden ir preparándoles los Collares. También será cantante: pero de Bembé.

—!Será todo eso que ustedes han dicho; pero también será Balsera! —Puntualizó el tío.

—¿Amigo; es verdad que la hija de Sungo Baraguá nació Santera?

—Yo no sé si esa niña nació santera; pero si, que el día de su nacimiento quedó grabado para la historia en el libro del Barrio. Pues, ese día, en horas de la noche, un vecino se pasó de Chispa e' tren; y cuando llegó a su casa estaba el Comandante hablando por la Televisión; diciendo que la revolución ya había superado el Periodo Especial; que pronto los cubanos podrán comer carne dos veces al mes; que solo le pedía al pueblo tuviesen paciencia; que en los próximos 10 años Cuba estaría a la par de Colombia, y por encima del Chile de Pinochet. ¡Basta ya de mentiras! —Le gritó, cual orate, el vecino, cuando llegaba a la sala de su casa. Y, al momento que le lanzaba la botella de Chispa e' tren, que tenía en su mano, a la imagen del comandante que mostraba el televisor, le gritaba: ¡Muere maldito dictador; asesino sin compasión; matador de cubanos! ¡Te odio; te odio! La botella de Chispa e' tren funcionó como un poderoso Cóctel Molótov, haciendo que se incendiara el televisor y, por ende, los muebles de la sala. A la voz de ¡Auxilio! Todo el Barrio se unió al, pasado de tragos, vecino; y lograron salvar la mitad de los muebles.

—!Chico, hermano Gusano; nuestro grupo te perdona el que hayas quemado el televisor, con el comandante adentro; pero lo que sí, jamás te perdonaremos, es que hayas quemado media botella de Chispa e' tren. —Le decían sus compañeros de juergas.

Si el día que Reina María de los Milagros Baraguá Mayembo nació, quedó grabado en el Barrio como una revelación, de que esa niña había nacido con una sobre dosis de Aché. El día de su primer aniversario, asi lo confirmaría. Ese histórico día, estuvimos celebrándolo toda la tarde en la casa de Sungo. Y cuando llegó la noche nos fuimos para el Malecón. Allí permanecimos hasta la media noche. La alegría del padre de la niña: Sungo, al celebrar el primer cumpleaños de su hija, con el Grupo; el cual era conocido en el Barrio como: Los Gusanos del Malecón; hizo que ese día se le dilatara la vena humorística y, por antonomasia, que el grupo se pasara de Chispa e' tren. Al estar pasados de alcohol, decidimos dar por terminada la celebración. Además, se nos había terminado la gasolina. -Asi le decíamos al Chispa e' tren-. Y al tiempo que nosotros tratábamos de mantener en posición vertical a nuestros tambaleantes cuerpos, con palabras mal articuladas, y la lengua bien enredada, nos despedimos con los tartamudos hasta mañana que suelen producir el exceso de alcohol en la sangre: estábamos bien ebrios. En el Barrio había un miliciano que se parecía, físicamente, al Comandante en jefe. Se parecía en el cuerpo, y en la estatura; pero no en el rostro; además, era lampiño. Pero ese día, el miliciano de marras, se había puesto una barba de afeite para representar al Comandante en una fiesta que daban en honor a la hija de un Coronel de la FAR, que cumplía sus quince primaveras. Cuando Sungo regresaba a su casa, el mal aventurado miliciano, que se había disfrazado de Comandante, venía en una vieja bicicleta; se desplazaba en sentido contrario. Y cuando Sungo lo vio, en su borrachera, corrió hacía donde había un balcón apuntalado y agarró una estaca, de las que servían de puntal, y le dio un sonoro estacazo por la cabeza al miliciano disfrazado como el Comandante. Antes del sonido seco, que hizo la estaca al chocar con la cabeza del Comandante, se escuchó la voz de Sungo cuando gritó: ¡Mal parido; hasta hoy destruirás a mi país! Este sonoro estacazo es por Ignacio Agramonte, José Martí, y por mí. Y éste es por el sufrido pueblo cubano. ¡Paf! Y éste es por los millones de cubanos que están llorando en suelo extranjero la triste ausencia de su suelo patrio. Cuando Sungo vio al "Comandante" tirado en el suelo, con la boca abierta y los ojos sin brillos; con la mirada fija hacia el cielo, lo tocó y, al comprobar que estaba muerto, creyendo que era el comandante en jefe, salió dando brinco y gritando: ¡He matado al Comandante! ¡Cubanos; se terminaron los sufrimientos nuestros; he matado al más cruel asesino que ha parido América! ¡He matado al tirano! ¡Fuera de Cuba los Charcos de Sangre! ¡Abajo los comunistas!

En el preciso instante que Sungo salía corriendo, pasó un periodista extranjero en su automóvil y se bajó con su cámara en la mano y, después de tirar varias fotos al cadáver, salió corriendo hacía su coche, al tiempo que se decía el mismo: !Gracias, virgen de la Covadonga por darme la exclusiva de esta gran noticias. ¡Oh Dios! Acabo de entrar a la historia. Seré el más famoso periodista que ha tenido la España de Felipiilo. Cuando mi jefe se entere me subirá el sueldo. Joder; ya era hora que este peninsular fuera favorecido.

—¿Es verdad que el Comandante está muerto? —Le preguntó una vecina, al periodista, en el momento que este se metía en su coche.

—Os juro que este tío está más muerto que Primo de Rivera. —Respondió.

La vecina era la presidenta del Comité de Defensa de la Revolución del Barrio. Y, cuando el periodista le confirmó que el Comandante estaba muerto, se metió en su casa y salió con una imagen de Santa Bárbara en la mano y gritando: ¡Yo soy hija de Changó y nunca fui comunista! Tuve que fingir para poder comer. Además; la negra no quería morir en el paredón. ¡Lo juro por Changó, y Ochún! La Patrona Espiritual de los cubanos.

Los eufóricos gritos de Sungo, hicieron que en el Barrio se formara tremendo zafarrancho. Hubo suicidio; muertos por venganza; milicianas con ataques de histerias; milicianos que corrían por las calles con las miradas perdidas y sin rumbo; Mayimbes, que se mataban entre ellos para quitarse los Botes; Babalaos, Santeras, y cuanto churrulleros tenía la Revolución que corrían por las calles llevando imágenes de sus santos preferidos y, con la mirada enfocada hacia el cielo, gritando: ¡Protégenos Orula! ¡Mi guía: no nos dejes solos! ¡Que viva Changó; Yamayá; Babalú; Obatalá!

Frente a la bahía de La Habana, se veía un Barco navegando hacía el puerto habanero, mostrando en su mástil una bandera venezolana. Y, en la Cabina de Mando, se hallaba su Capitán que, con desesperada voz, decía por la radio: ¡Compañero capitán de puerto; que está sucediendo en tierra, que veo la ciudad cubierta con una nube de humo!

—¡Nada, Vale! —Decía el Capitán de Puerto—. Que dicen que han matado al Comandante y los milicianos de los Comité de Defensa de la Revolución y los de la Brigada de Repuesta Rápida, sacaron el uniforme que los identificabas para el patio de sus casas y le dieron candela. Dicen que ellos querían eliminar todo lo que los identificara como funcionarios de la Revolución.

—!Cónchale vale; que vaina tan jodida. Yo me regreso para Maracaibo! ¡Timonel; enfile proa hacía casa... y ponga las máquinas a toda marcha.

Nunca se supo con certeza, que argumento utilizó Sungo Baraguá, para convencer a la Seguridad del Estado, de que él había matado al miliciano, disfrazado del Comandante, creyendo que era Armando Roblan, que había llegado de Miami disfrazado de Comandante, con la intención de matar al compañero Fidel Castro. Pero a los 38 días de haberle dado los garrotazos al supuesto Comandante, salió de las instalaciones de la Seguridad del Estado para cumplir un año de Reclusión Domiciliaria. Al nuestro grupo no poder visitar a Sungo en su casa: por el hecho de que podíamos ser acusados de complicidad, tratamos de enterarnos, a través de los familiares, que solían visitarlo. Después de tomar las precauciones necesarias; las que exige un régimen tan represivo como el implantado en Cuba, me comuniqué con un hermano de él, de Sungo, que trabajaba en la Compañía de Teléfono... y esto fue lo que me dijo:

—Sungo le dijo al Comandante, que unos días antes del fatal suceso, había ido a consultarse con su Babalao y este le había dicho que: de Miami vendría un gusano llamado Armando Roblan, disfrazado del Comandante, para matar a nuestro comandante en jefe. Y, cuando él vio a un sujeto disfrazado del comandante; montado en una bicicleta y transitando por la calle San Lázaro, a sólo una cuadra del Malecón, se dijo: Jamás permitiré que ese vil Gusano: llamado Armando Roblan, mate al Comandante. Y que el Comandante, no sólo ordenó que lo soltaran, sino que lo felicitó por haber tratado de eliminar al sujeto ese: llamado Armando Roblan; que lleva más de 30 años diciendo: En los ochentas Fidel revienta. Después, al no reventar en los ochentas; él decía: En los noventas Fidel si revienta. Y tú, Sungo, lo has reventado a él. Es decir: que tú has hecho lo que, hace mucho tiempo, tu comandante he deseado hacer.

—Yo le dije –decía el hermano de Sungo, con actitud y acento supersticioso-, que quien le salvó le vida fue su hija: Reina María de los Milagros Baraguá Mayembo; porque esa niña nació protegida por Orula.

Pero la versión que más se escuchaba entre los amigos del Barrio, era: «Que el Comandante había planeado que el Miliciano se paseara en una bicicleta por la calle San Lázaro disfrazado como él, para después avisarle a la Prensa Extranjera, que él, el Comandante en jefe, se pasearía en bicicleta, solo y de noche, por esa zona del Barrio; para que lo retrataran y enviaran las fotos a la prensa internacional, para después aparecer frente a los Payasos Dialogueros, como el líder que el pueblo quiere y protege.» Pero Sungo le rompió el plán. Pero, como el comandante suele convertir sus derrotas en triunfos, aprovechó el incidente de Sungo para hacer correr el rumor de que a él lo habían matado en un atentado, para después presentarse recibiendo a sus amigos Dialogueros, al tiempo que se burlaba de sus enemigos diciendo que: "Ellos desean tanto mi muerte, que se pasan la vida matándome, en súper tontos e inventados atentados." La revolución del Comandante ha vuelto a los cubanos en los mejores actores del planeta. La isla tiene, entre histriónicas e histriónicos, 11 millones de farsantes. Ellos se han desarrollado en un Teatro donde, para poder subsistir, hay que ser un fuera de serie; tener un control absoluto del escenario; harta teatralidad, y ser un sobresaliente imitador de Aristófanes. Amén de tener un excelente dominio del dificilísimo publico antillano. Ya que el menor error les cuesta la cárcel, o el paredón. Yo no sé si la victoria, en ese diálogo entre primeros actores, fue del destacado histrión: Sungo Baraguá, o del Bufón Mayor; pero de quien haya sido, no hay que quitarle méritos a Sungo. Debemos reconocer que su idea fue súper genial. Pues, hacerle creer a la Inteligencia Cubana: que él había creído que el disfrazado era Armando Roblán; quien es conocido, en el mundo del Teatro y los aplausos, como el mejor imitador del Comandante en jefe, fue una excelente coartada. Quizás su mejor actuación. Desde luego, lo más sensato es pensar que triunfaron los dos. Conociendo la calidad del Bufón Mayor, esa es la mejor opción. Con el Comandante nunca se gana; cuando más se empata... o casi se empata.

Un mes después, del inolvidable incidente de Sungo Baraguá, llegaron nuestras visas y nos fuimos para el Perú. Después de una breve estadía en la tierra de los creadores del delicioso Seviche, y papa a la guacaina: los Incas, nos fuimos para la Madre Patria: para España. Llevaba en mi mente dos proyectos. El primero: Hacer todo lo posible por trasladar los restos de mi padre para su amada Castilla la vieja. El segundo: Trabajar y educar a mis tres hijos, en la España de mi padre; en la España que me había enseñado amar; la que me había incrustado en las venas, en el corazón; la España que le había incrustado en el alma a mis críos, para mantener la inviolable y sagrada tradición de nuestra familia.

Cuando llegué a la Aldea, donde nacieron mis raíces: Melezna, sentí como si toda la vida hubiese vivido allí. Fue tanto lo que mi padre me hablaba de la Aldea de sus antepasados, que la quería como si hubiese nacido en ella. Cuando paseaba por sus calles, no sentía la sensación del viajero que visita por primera vez un lugar, sino la que sentimos cuando regresamos al sitio donde hemos nacido: a nuestro amado hogar. Ya había correteado por sus calles, cuando mis padres me la describían, en sus alucinantes nanas, y que yo tanto disfrutaba en las fantasías de mis fascinantes sueños infantiles. Hasta hubo momentos que percibía los celos de mi natal y amado Camagüey... y de mi bella y muy querida: Habana. ¡Pero qué decepción; que inmenso desengaño sufrí! Les juro que fue tan doloroso como el que recibí cuando la Revolución terció su rumbo, y comenzaron los fusilamientos y las intervenciones; más decepcionante que, cuando nos intervinieron nuestra finca; pues, ésta podía ser recuperada; pero la tradición familiar, se perdía para siempre. En Cuba existía una vieja costumbre entre los españoles: enviarle dinero a los familiares, que tenían en España; sobre todo, en las Navidades. Por ello, cuando llegué a Melezna, pensaron que el pariente rico llegaba de Las Américas, como los Galeones de la Corona: súper cargado de oro. Todo era amabilidad. Yo era, según me decían, el López que más querían. Sobraban los halagos; los cariñosos abrazos y las exageradas adulaciones. Confieso que, yo me sentí empalagado con tantas alabanzas. —¿Por qué no vino antes a la tierra de sus amados antepasados: que es la suya? —Repetían a todas horas mis parientes españoles. Pero cuando les confesé que la Revolución me había dejado como cuando el tatarabuelo se había ido para las Américas, comenzaron los problemas.

—¿Por qué sois tan tradicionalista; no es una tontería traer el cadáver de tu padre, para esta vieja Aldea? —Me decían mis parientes-. ¿Acaso no es cierto que él vivió más tiempo en Cuba que en nuestra España; que allá se casó y tuvo sus hijos? Para qué vais a gastar tantos dólares en un muerto habiendo tantos vivos aquí, en su natal Melezna que tanto lo necesitamos? Para empezar; debéis saber que las gestiones para traerlo deben hacerse en Madrid. Pues, allá, no sólo está la Embajada cubana, sino que también la sede de nuestro gobierno. Y vuestra gestión debéis hacerla a través de nuestro Presidente: Felipe González. Él es muy amigo del gobierno cubano: Fidel Castro. Desde luego; si vos queréis podéis iros a Valladolid; pues, es la capital de la gloriosa provincia de León; nuestra provincia; pero ello sería perder el tiempo... y hartos dólares.

—Desde que salí de Cuba, yo tenía pensado hacer las gestiones en Madrid. Por ello, el próximo lunes me iré para la Capital de mi amada España.

—En Madrid tenemos unos parientes cercanos; con ellos podéis contar para que os ayuden en los trámites que vos necesitáis hacer con el Presidente de España; de nuestra amada España: Felipe González.

En mi corta estancia en Melezna, Aldea donde nació mi padre, pude darme cuenta que mis familiares españoles simpatizaban con Fidel Castro, y odiaban a los americanos. Pero, ello no hubo de molestarme; ya que la culpa de esa actitud, de los españoles, la tienen los mismos cubanos; no sólo los comunistas, sino los que se dejaron confundir por los que se habían puesto el uniforme de nacionalistas; los que fueron embutidos por los que fueron eliminando a los mambises que más méritos militar, y patrióticos tenían para dárselo a los que encajaban, a la perfección, con sus planes de apoderarse del poder absoluto de la isla que, otrora, era la más productora del Planeta. Ellos fueron los que convirtieron al vulgo cubano en los llamados Ingratos. Pues, con la maléfica idea de adueñarse del poder político de Cuba, después que los Estados Unidos nos liberaron de la Corona, que gobernaba en la España de los finales del siglo XIX, comenzaron a decir que los americanos se habían adueñado de Cuba; que para ello, le implantaron una Enmienda a su Constitución: La Enmienda Platt. Cuando la realidad era otra: Después de haberla liberado de la Corona Española; fabricado 350 Colegios Públicos; y organizado, después de haber celebrado unas elecciones democráticas, entregársela a los cubanos, los Estados Unidos le puso un anexo a la Constitución del 1901 que protegía a Cuba de cualquier invasión extranjera, las cuales eran realizadas con harta frecuencia por Bucaneros y Piratas europeos. Esa actitud tomada por un grupito de cubanos, hizo que la Prensa de los Estados Unidos los llamaran: Los Ingratos. También que Fidel Castro, en las retahílas de falsedades que él usaba, para robarse a Cuba, dijese que Estados Unidos gobernaban en Cuba antes de él implantar su sanguinaria, criminal y harta represiva revolución; lo cual no era cierto; ya que de ello haber sido verdad, Fidel no hubiese podido implantar su nefasto comunismo en la isla antillana. Y, también, que algunos cubanos exiliados en los Estados Unidos dijesen otra falacia: Que los Estados Unidos intervinieron en Cuba, cuando ya los mambises tenían ganada la guerra contra la Corona española. Cosa que no era cierto; ya que el bien armado, y numeroso ejército español, había eliminado a los principales combatientes de los mambises cubanos. Entonces pensé: Si los cubanos se han despotricado vomitando falacias sobre la intervención de los Estados Unidos en Cuba, y los cubanos del exilio hablan esas tonterías, sobre la intervención americana en la guerra contra la Corona española, no debemos lamentarnos de que, en España, los españoles tengan esa opinión de los Estados Unidos. Yo haré, lo que para los cubanos de buen nacer es una obligación: Decir la verdad a los españoles, sobre la intervención de los Estados Unidos, en la guerra hispanoamericana. Y, también, desenmascaré a la banda de farsantes que componen la revolución cubana.

Cuando llegué a Madrid, sentí la misma sensación que cuando hube de visitar por primera vez la Capital de mi amada y siempre recordada Cuba: La Habana. Ello me hizo comprender que: Cuba era una extensión de España; que por ello los españoles se sentían tan bien en Cuba y los cubanos en la España de nuestros antepasados. Las calles de Madrid tenían los adoquines que tenían las de La Habana; sus edificios la misma arquitectura; las calles los mismos nombres que las calles de La Habana; que sus habitantes, no sólo los mismos físicos, sino que también las mismas costumbres: Madrid es una ciudad hartamente bulliciosa; sus habitantes hablan hasta por los codos. ¿Acaso no era esa la principal característica de la ciudad de La Habana? En ese momento sentí correr por todo mi cuerpo un extraño escalofrío; éste, poco a poco, se fue transformando en una rara decepción. Fue entonces que hubo de llegar a mi mente los recuerdos de la guerra de independencia cubana; de los grandes patriotas; de los mambises cubanos. Entonces me dije yo mismo: La guerra por la independencia de Cuba no fue una guerra contra España; pues, nosotros éramos españoles; fue contra las coronas que reinaban en aquella época. Fue por ello que ni el Padre de la Patria: Carlos Manuel de Céspedes, el Bayardo: Ignacio Agramonte, el holguinero: Calixto García, ni el Apóstol: José Martí, traicionaron la bandera española que ostentaban sus padres; ellos sólo querían deshacerse de las coronas imperiales. A los que sí no perdono son a los cubanos que no querían la Autonomía. Esos para mi eran unos ingratos; pues, España fue quien nos parió, educó, nos sembró el idioma y nos civilizó; la que envió a nuestros padres y abuelos a la Cuba española, para que nosotros naciéramos en un pedazo de la gloriosa España; ella es nuestra madre Patria. Y, podemos alejarnos de nuestra madre; pero jamás olvidarla; aún menos odiarla. Amén, que los países, a la sazón, no eran los culpables de que sus reyes fueran malos gobernantes. Además, que la mayoría de las veces los malos eran los Gobernadores que los Reyes enviaban a las Indias Occidentales, para que cuidaran sus Colonias. Estos venían a las Américas con un solo propósito: que sus bolsillos se convirtieran en lo más ricos de las Américas; no con la intención de hacer grande a los países de las Indias Occidentales.

Lo que debieron hacer: aquéllos que se habían independizado de la Corona española, era hacer lo que hicieron los Estados Unidos de Norteamérica, después que ellos se independizaron de la Corona Inglesa: que el pueblo escogiera sus gobernantes a través de elecciones democráticas. Ello fue lo que hizo George Washington. Y lo que hicieron los Estados Unidos en Cuba, después que vencieron al ejército español; el que gobernaba en Cuba en el siglo XIX: Celebrar Elecciones Democráticas y entregarle el poder a los cubanos. ¿Por qué Simón Bolívar no hizo lo mismo en La Gran Colombia; por temor a que fuera invadido por los países que se unieron a la Santa Alianza; acaso no le decía La Doctrina Monroe que no lo permitirían? ¿No fue por ello que los Estados Unidos le pusieron un anexo a la constitución cubana de 1901; para decirle a los países de allende los mares que si invadían a Cuba ellos, los Estados Unidos, no lo permitirían? ¿Por qué los países que son gobernados por dictadores, se mantienen sembrando un odio feroz a los Estados Unidos; no es cierto que el ser antiamericano se ha convertido en la brújula que nos indica el norte: de cuáles son los gobernantes malos, y cuáles los buenos?

A los tres días de estar en la Capital española, Madrid, los parientes españoles, que estaban ayudándome hacer las gestiones pertinentes para traer a España el cadáver de mi padre, se aparecieron en el Piso que había alquilado, cerca de La Gran Vía (apartamento). Uno de ellos había viajado de Barcelona a Madrid para ayudarme hacer las gestiones, junto con los de Madrid y, a la vez, conocerme.

Que bellos críos tenéis, primo; a simple vista se nota que por sus venas corre sangre de los López; ello es tan cierto que tal parece que han nacido aquí; en la tierra de sus antepasados. –Me dijo el que vivía en Barcelona.

–Ellos, mis hijos, después que lleven unos años en la España que corre por sus venas y hayan estudiado aquí no habrá quien diga que han nacido en las Américas... que ellos son cubanos.

–Hombre, majo; si vuestros críos han nacido en Cuba es como si hubiesen nacido en España. Para nosotros, los españoles, Cuba nunca ha dejado de ser un pedazo de la España que la colonizó. En nuestras españolas mentes, en el mástil del morro de La Habana, aún tremola orgullosa la bandera de la muy ilustre España; de la España que la descubrió, la desarrolló, fomentó y educó. Además por las venas de vuestros hijos corre sangre castellana. Y Castilla nos ha dado el más perfecto y bello idioma que existe en la Vía Láctea. Hay algo que nosotros, los españoles, jamás os perdonaremos: que no hayáis venido antes a nuestra España. No sólo porque, como os he dicho, es la vuestra, sino también porque vuestros gloriosos antepasados, que son los nuestros, os la han inyectado en el corazón.

–Tanto los españoles, como los hijos de españoles que vivimos o que hemos nacidos en Cuba, tenemos grabado en nuestra mente el visitar a la amada España. Pero por los compromisos adquiridos, en nuestra ardua lucha por la subsistencia, la mayoría de las veces ello se nos hace imposible. ¿No es cierto que los hijos de españoles que hemos nacido en América cuando llegamos a la España de nuestros antes pasados no sentimos la sensación de que hemos llegado a un país extraño, sino que sentimos la dulce sensación: que hemos regresado a nuestras raíces? ¿Vosotros pensáis que mi corazón se siente feliz viniendo hoy a la España que mis antepasados me sembraron en las venas; qué haya sido, precisamente hoy, cuando la otrora grandiosa España, está gobernada por un sevillano llamado: Felipe González; que, sin evitar el orgullo que muestra su andaluza expresión, se jacta de ser amigo del dictador más cruel que ha tenido América: Fidel Castro? ¿Un andaluz que suele decir que odiaba harto a Francisco Franco, por ser un gallego dictador? ¿Acaso no es Fidel Castro un gallego dictador, más cruel, aún, que Francisco Franco? ¿No es cierto que Francisco Franco amaba harto a su España; que no fabricó un Paredón para fusilar a los españoles, que no estaban de acuerdo con él; que sólo perseguía a los terroristas que querían destruir a su muy amada España; que no le confiscó las propiedades ni las cuentas bancarias a sus hermanos españoles; que puso la economía de su España en una de las primeras de Europa. Y no es cierto que Fidel Castro ha destruido a, la otrora progresiva, Cuba; que la ha convertido en el país más pobre de América? ¿No será que, tanto Felipe González como los españoles que admiran a Fidel Castro y odian a Francisco Franco, es porque el generalísimo le decía a los españoles que había que evitar que los comunistas se tomaran el poder; porque ello sería la destrucción de su amada España; que le decía a sus amados españoles, las mismas palabras que solía decir: Sir Winston Churchill:

El comunismo es una filosofía del fracaso, el credo de la ignorancia y el evangelio de la envidia; su virtud inherente es la distribución equitativa de la miseria?

¿Acaso no ha sido ello lo que ha hecho Fidel Castro en Cuba; entonces: por qué hay españoles que admiran a Fidel Castro y odian a Francisco Franco? ¿Será porque son comunistas? ¿No es cosa de comunistas el prohibirles a los hijos de españoles, que hayan nacido en Cuba, que estudien en los colegios públicos de España; de la España que sus antepasados arriesgaron sus vidas viajando miles de millas por procelosos mares, para defender su amada Bandera; que muchos de ellos, a la hora de su muerte, sus últimas palabras fueron: España de mi alma: para ti he vivido... y por ti he muerto?

–Pero, vos no tenéis problema con vuestros hijos; ya que podéis ponerlos a estudiar en un Colegio Privado.

–Ello sería si ustedes me consiguieran un buen trabajo; pues, eso también le ha aconsejado Felipe González a los españoles: que mientras haya un español desempleado no le den trabajo a los que no hayan nacido en España.

–Bueno, majo; perdona que discrepe con vos; pero, para nosotros, ello nos luce que ha sido una ordenanza bien justa. Primero están los que hayan nacido en España y después los extranjeros.

–Pero es que, como vosotros mismo me han dicho, yo no soy un extranjero; soy un hijo de españoles que ha nacido bajo la Bandera de España. En nuestras casas siempre brilló la Bandera de España.

–¿Cómo se lo mostraréis al Gobierno español: Felipe González; vos tenéis la evidencia; acaso no sabéis que todos los que vienen de Las Américas suelen decir que son hijos de españoles?

–Yo, amén de tenerlos a ustedes, como un ejemplo de que soy español; castellano por demás, los antepasados nuestros; los que fueron a las Indias Occidentales para proteger la Bandera española, nos habían enseñado que sus descendientes serían, por sobre todas las cosas, españoles. Que para que esa tradición se mantuviera latente en nuestros corazones, por los siglos de los siglos, el tatarabuelo nos había dejado un valiosísimo Tesoro. En él está la muestra de que yo soy más castellano que la Sierra de Guadarrama. Dentro de este cofre de madera, está la herencia que me han dejado mis antepasados españoles. −Cuando les mostré el viejo cofre de caoba comenzaron por darme excusas por sus comportamientos:

−¡Vamos, majo! Si nuestro tatarabuelo os dejó ese cofre, con un valiosísimo Tesoro en su interior, para que seáis un español, pues, vamos hombre, no hay dudas de que vos sois un español; castellano por demás: como vos lo habéis dicho. ¡Pero si es que sólo hay que oírte hablar; analizar vuestro físico y verte caminar para saber que sois un español, mas castellano que la Sierra de Guadarrama.

−Mañana mismo os buscaremos trabajo; también os buscaremos una escuela para que vuestros críos puedan estudiar en la España que corre por sus venas −me decían con lisonjeante acento−. ¿Qué tipo de Tesoro contiene ese histórico cofre? −Preguntaron, mis allegados españoles, simulando un frio desinterés.

−¡Voy abrirlo, ahora, para mostrarle su contenido! −Les respondí. Cuando estaba tratando de abrir el cofre, las vibraciones que emanaban mis allegados se hallaban tan cargadas de avaricias, que no me dejaban actuar con la calma que necesitaba para poder abrirlo. Cuando al fin lo logré, la alta desesperación de mis contertulios se había adueñado del lugar; hubo algunos a los que se les habían brotado los ojos; sus rostros se les transformaron; ahora mostraban una desenfrenada avaricia. Ellos estaban súper desesperados por saber cuán valioso era el Tesoro que se hallaba adentro del cofre, que el tatarabuelo había dejado como herencia a sus descendientes. Al darme cuenta, del desesperado estados de avaricia que se había adueñado de mis parientes; quizás, por el morbo que todos llevamos adentro, pensé en seguir disfrutándolos un instante mas; y apliqué una desesperante lentitud. Primero: aplicando una exasperante lentitud, saqué la Boina. Y cuando se la mostraba les decía: Esta Boina se la regaló la mamá de nuestro Tatarabuelo para que siempre la llevara puesta; como un símbolo de la España que lo vio nacer y crecer; y para que nunca olvidara la Aldea donde había nacido: Melezna; un pedazo de Castilla la Vieja; y de sus padres. Yo, el sentimental; el cubano que amaba más a España que La Pasionaria, sentí que mis ojos se habían llenado de lágrimas. Ellos, sólo me dijeron, casi al unísono:

—¿Qué mas contiene ese cofre?

Después saqué el Manuscrito: En este manuscrito –les decía–: El Tatarabuelo detalla los pormenores que pasó en su primer viaje a Las Américas; y otros datos, muy importantes, sobre la actuación y el comportamiento de los Gobernadores que la Corona española envió para las Indias Occidentales. En este manuscrito el tatarabuelo cuanta cosas que son bien importantes para la historia de nuestra España. Sobre todo; de los obstáculos que tuvo que vencer, la descubridora de América, para colonizar los territorios que ella había descubierto.

Como los corsarios ingleses, holandeses y franceses, invadían los territorios españoles de las Américas, quemando sus campamentos, matando y violando a las mujeres. Y cómo funcionarios de la Corona española solían ponerse de acuerdo con los piratas para robarse los Galeones que iban cargados de oro para la Corona española. Y otros datos que son bien importantes para los Gobernantes españoles.

—¿Pero, que mas contiene ese cofre? —Fue la respuesta. Al darme cuenta que estaban más interesados en saber si el Cofre contenía un Tesoro con más valor metálico que patriótico; les dije, al momento que sacaba la Bandera de España, y la desplegaba: Esta gloriosa e histórica Bandera, fue la que Su Majestad Católica: María Cristina de Borbón, diera al tatarabuelo, para que siempre le acompañara un símbolo de nuestra amada España, por haberse ofrecido a defender la gloriosa Corona de Castilla, en los momentos más difíciles que atravesaban las Colonias en las Américas. Yo, el estúpido patriota; el tonto cubano que se siente más español que un hijo de Cataluña, no pude contener las lágrimas, que me brotaban a chorros, al recordarme, esa Bandera, la tradición de nuestra familia. Ellos, sólo me dijeron: —¿Eso es todo, pariente; no hay nada de más valor adentro de ese viejo Cofre?

—¿Les parece poco? ¿No han pensado el valor histórico que tiene para nuestra España esa Bandera, esa Boina, y ese Manuscrito; que no sólo la confirma como la única descubridora de América, sino también como su primera colonizadora; y también; como las coronas de Inglaterra, y de Francia, solían quemar los campamentos españoles; matar a sus hijos, violar a sus mujeres y robarse su oro; qué no eran bucaneros españoles, los que invadían las edificaciones que Inglaterra y Francia habían construido en las Indias occidentales, para quemar sus casas, matar, violar a sus mujeres y robarse el oro?

–Pues, para seros del uno al nueve: sincero; si le vendemos esas cosillas, tan antiguas, al Museo del Prado, lo que nos darían por ellas; apenas nos alcanzaría, a los descendientes del tatarabuelo, para tomarnos un Carajillo.

–¡No; jamás un descendiente del tatarabuelo: de los López de la histórica provincia de León, y de la castellana Aldea: Melezna, venderá los símbolos patrios de la familia! Cuando comience a trabajar aquí, les pagaré el Carajillo.

–Hombre; no creo que con esas vetustas "cosillas", que vos guardáis como un recuerdo de nuestra familia, podáis conseguir trabajo en la España de Felipe González.

–¿Vosotros no me habéis dicho que me conseguirían un trabajo, mañana; y también una Escuela para mis hijos?

–Ello fue porque pensábamos que traías una fortuna en ese Cofre. Vos sabéis que, tanto en Las Américas como en la España Socialista de Felipe González, el oro suele tener la virtud de comprarlo todo.

–¿El hecho de ser descendiente de un español, que fue oficial de la Corona; que luchó por la grandeza de España, cuando ésta más lo necesitaba, no me da el derecho de ser un ciudadano español; de trabajar y darle estudio a mis hijos, que también son descendientes de españoles?

−¡Si no han nacido en España no tienen esos derechos! Esa es la ley. Los españoles respetamos nuestras leyes. ¿Si nosotros solemos respetar nuestras leyes, por qué no han de respetarlas los que no han nacido aquí, en España? Además nosotros no los hemos traído; ellos son los que han invadido nuestro territorio.

−Con vuestros comportamientos me hicieron recordar un cuento que hacía un venezolano sobre una pelea, entre dos hombres a machetazos, que él presenció en Caracas. Uno era un negro criollo; el otro un blanco español. La pelea comenzó cuando el español le dijo al negro: ¿Qué es ser patriota para ustedes: unirse a las tropas Realistas de José Tomás Boves y, al grito de ¡Viva el Rey!, sacar de Venezuela a Simón Bolívar? Y el negro le contestó: ¿Y qué es ser patriotas para ustedes, los españoles: abandonar España en los momentos en que más los necesitaba, para refugiarse en tierras extrañas? ¿Por qué ustedes le dieron la espalda al General Francisco Franco cuando la patria los reclamaba; no fue ese gesto una traición a la Bandera española? ¡Por qué esos españoles apoyan la Revolución cubana! ¿Por qué son comunistas? ¿No es cierto que los comunistas odian a los que no son comunistas; es decir: que odian a la mayoría de los españoles? Para ustedes la patria es estar con el estomago, y el bolsillo lleno. ¡Ni adoran a España ni quieren a las Américas; sólo aman el oro. En ese momento se entraron a machetazos.

Pues, si no me quieren donde han nacido mis raíces; porque tuve la mala suerte de llegar a la España del sevillano: Felipillo González, no me queda otra alternativa que volver a los brazos de nuestros siempre benévolos vecinos: Los Estados Unidos de Norteamérica.

Quiero que sepan que, aunque ustedes no me recibieron como a un hijo de la España que tanto quiero, mis hijos y yo seremos españoles mientras tengamos un átomo de vida. Ahí les dejo lo que queda de mi amada España; de la España que Francisco Franco hizo grande y que Felipillo González la quiere destruir; puesto que, la ha puesto que no vale un carajillo... Espero que la disfruten.

Después de haber sufrido tan amargo desengaño, me fui para la Aldea donde nacieron mis raíces: para Melezna. Antes de irme de España, de la gloriosa España que mis antepasados me enseñaron amar; quise hacerle una visita al histórico cementerio de Melezna; donde descansaban mis antepasados. Cuando estaba en el solitario panteón de la familia, sin quererlo, los sentimientos comenzaron acariciarme el alma. Mi mente me repetía que allí, en ese pedazo de tierra, descansaban mis raíces. Los recuerdos amontonados, ligado con el marco triste, tétrico, y el frio silencio sepulcral, me calaron la hombría y sentí el ruido de una lágrima escapada, cuando caía sobre una hoja seca. Después de limpiarme, mis humedecidos ojos, y haberme persignado, le dije, a mi tatarabuelo, con el pensamiento: ¿Quién le iba decir, tatarabuelo, que por su española Boina, por el histórico y acusador manuscrito, y la gloriosa Bandera de España, que usted nos dejó; la misma que Su Majestad: María Cristina de Borbón, le diera por haber defendido la Corona de Castilla, en la España de hoy, la de Felipe González, sólo nos dieran para apenas tomarnos un Carajillo? ¿Qué la España digna y cristiana, por la que usted y sus descendientes dieran la vida, hoy fuera una España gobernada por corruptos

51

comunistas, disfrazados de socialistas; que ni siquiera permiten que los niños cubanos, que son descendientes de españoles, estudien en las Escuelas Públicas? Cuando le dije esto último al tatarabuelo, me pareció escuchar una voz de ultratumba que decía: ¿Os no habéis dado cuenta mi tataranieto que esa Boina, el Manuscrito, y esa Bandera, pertenecen a la otra España; a la que yo les insuflé en las venas: a la España Católica; que la de hoy está gobernada por los descendientes de los corruptos que se ponían de acuerdo con los Bucaneros para que éstos asaltaran los Galeones que iban cargados con el oro de la inmortal España Católica? ¿Qué estos sujetos han corrompido a tu Cuba natal, y a la España de hoy día, con el nefasto terrorismo, comunismo, socialismo, militarismo, y con una suerte de devastadores ismo; como el sangriento Fidelismo, y el funesto Felipismo? ¿Es que no habéis dado cuenta que los andaluces tienen más sangre de musulmán árabe, que de católico español? Yo le aconsejo, a mi descendiente: que leve ancla en España y la tire en Norteamérica. Porque la España de Felipillo: sólo vale un carajillo. Pero que ello no os preocupe tataranieto; porque, a pesar de que la España, y la Cuba de hoy, se la han pasado en un permanente coqueteo con el funesto terrorismo; con las barbaries y el nefasto comunismo, ellas están condenadas a ser Dignas y Cristianas; como la soñara tu tatarabuelo, y como lo desean la gran mayoría de los españoles… y el 90% de los cubanos.

Al otro día, con harto dolor en el alma, me vine, con mi esposa y mis hijos, para los Estados Unidos. Y hoy en la mañana, que mi hijo mayor: Juan Manuel López, cumplía 14 años de edad, cuando le fui entregar el histórico Cofre, para que continuara con la tradición de nuestra familia, me dijo: ¿Pero usted continúa con esa estúpida y tediosa tradición? Mire padre; guarde ese viejo y manchado cofre como un recuerdo de familia; porque yo no continuaré con esa arcaica y aburrida leyenda. Yo guardaré en mi cofre los objetos que simbolicen las tradiciones de Don Ignacio Agramonte: el Bayardo. Y del Inca: Huayna Cápac.

Y, aquí me tienes, benevolente caballero; llorando la ingratitud de los socialistas españoles; los mismos que no permitieron que el hijo de un español, de un español que tuvo que abandonar su patria por los caprichos de un despiadado tirano, trabajara en España; en la España que sus padres le enseñaron amar. No sólo ello, sino también que no permitieron que sus hijos, los cuales son nietos de españoles; que, la sangre que corre por sus venas es más española que la de muchos andaluces, estudiaran en las escuelas del Estado Español; las cuales fueron construida con la sangre que derramaron nuestros antepasados en América. Ello ocasionó que mis hijos rompieran con lo más bello que nos legaron nuestros antepasados españoles: con nuestra memorable tradición familiar. Esa ha sido el motivo de mi enorme frustración; pues, yo amo harto a la España de mis antepasados; la que corre por mis venas; la que me consume el sentimiento; la que siento más mía que del sevillano: Felipe González. Por eso estoy llorando; pues, hay decepciones que calan tan profundo en el alma, que nos consume la razón. Y esta me caló hasta el centro de mi corazón; de mi castellano corazón.

Después de haberme contado la emotiva historia de su familia, la cual era la causante de su estado depresivo, al momento que le ponía una mano sobre el hombro, le comenté: Cuando veo un hombre llorar, siento piedad por él; pero por usted, yo no siento compasión: siento un profundo orgullo. ¡Usted es un hombre con pundonor! Pues, ni los resentimientos de los malos hijos de España lograron que olvidéis vuestras raíces y sigas manteniendo la tradición que, vuestros antepasados, te sembraron en el centro de tu corazón. Es muy cierto, que a nosotros los cubanos, España se nos mete bien profundo; no sólo a los que somos hijos de españoles, sino también a los que hablamos el castellano; que somos muchos los que la queremos más que muchos españoles que nacieron en la Madre Patria; sobre todo; que los comunistas; pues, estos se convierten en fanáticos de la bandera de la Hoz y el martillo: la rusa. Y nosotros nos convertimos en fieles fanáticos de la gloriosa Bandera de la España Católica. Sobre tus hijos; tal vez, ellos no abandonaron la tradición española por la canallada que los socialistas españoles le hicieron a los cubanos; quizás fue, porque por sus venas también corre sangre Inca. Una sangre bien noble; pero también, bien rebelde. Además; debemos tener en cuenta que ellos se han formado en la tierra del glorioso Genaral: George Washington. Así es que: ¡Hermano; levántese y deme un abrazo! Que hoy día, los hombres con vuestra condiciones suelen escasear. Después del fraternal abrazo, que corroboraba el inicio de una patriótica amistad, nos sentamos en la arena… y continuamos dialogando.

Las Yucas Podridas

Después de haberle contado mi conmovedora historia, estimado caballero; quisiera hacerle una pregunta:

—¿Qué opina usted sobre el exilio cubano del sur de la Florida: especialmente el de Miami?

Para empezar te diré que, para la historia de la Florida, la llegada del exilio cubano, en un futuro no muy lejano, servirá como punto de referencia: Antes o después del exilio cubano. Y por los siglos de los siglos, todo el mundo hablará de lo progresista que fue el histórico exilio cubano. Pues, nosotros hemos convertido a Miami, una ciudad que antes de llegar el exilio cubano estaba llena de viejas y feas casas, rodeadas de vaquerías e invadida por trillones de mosquitos, en una de las ciudades más progresista, limpia y moderna de las Américas. Los cubanos hemos convertido a Miami en la Capital de América Latina. Hoy día, Miami tiene más automóvil, que todos los países de Centro América juntos. También, que Miami cuenta con un aeropuerto, que está catalogado como el segundo de más movimiento en el mundo. En el aeropuerto Internacional de Miami, entran y salen más de cien mil personas por día. Y la playa de Miami: South Beach, recibe un promedio de diez millones de turistas al año. También cuenta con el Puerto Marítimo con más movimientos de Cruceros en el Mundo. Pero, al Miami haberse convertido en un punto de referencia, de lo constructivos que somos los cubanos, de la Cuba anterior a Fidel Castro, y lo destructiva que ha sido la Revolución Cubana ha hecho que Fidel Castro se pase los 365 días del año tratando de destruir el exitoso exilio cubano de Miami. Y, créame que, en parte, lo ha logrado. Él ha enviado para Miami a varios agentes, que la inteligencia cubana había enviado para los Estados Unidos, en especial a Puerto Rico, al principio del triunfo de la Revolución, con la maligna intención que sembraran un infamante antiamericanismo en Borinquen. En Puerto Rico, los agentes comenzaron a cumplir las órdenes que le habían dado los estrategas del Partido Comunista Cubano. Una de las principales era: hablar pestilencia del sistema democrático de los Estados Unidos. De lo corrupto que era. Es decir: que esta caterva de Yucas Podridas, tenían la orden de sembrar en el exilio cubano: el Camino de Yenan. Que, al haber sido amoldado al sucio y putrefacto sistema cubano, la inteligencia cubana le llamaba: El Camino de Birán. Esto lo ordenó decir Fidel Castro, a sus agentes, porque ello le servía de excusa a su dictadura del porqué los comunistas no celebraban elecciones democráticas en Cuba. Decían que todos los políticos eran corruptos; que solían malgastar el dinero del pueblo; que ellos pagaban la contribución todos los años. La estrategia de decir que el dinero que los políticos malgastaban era del pueblo: de los contribuyentes, llegó a un nivel tan alto que convirtió a los puertorriqueños en adictos: para todo decían que eran contribuyentes. ¡Oficial; sepa usted que yo soy un contribuyente! Solían decir, cuando un oficial del Tránsito, le ponía una multa, por haber cometido una infracción a la ley de tránsito.¡Puerto Rico es el país más rico del mundo! Pues, en nuestra Isla, hasta los que cuidan los Carros, cuando lo aparcas lejos del sitio que visitas, suelen decir que ellos son Contribuyentes. Solía decir, sazonándolo con una dosis de humorismo, el cómico más querido de los puertorriqueños: José Miguel Agrelot. Esa falsa duró hasta que el Senador: Nicolás Noguera, en una aparición por la Televisión, dijera: ¡Señores; en Isla, los únicos que pagan contribución son los comerciantes y los profesionales! Ya es hora de que dejen de decir: ¡Yo soy un contribuyente! Un agente, de los que envió el gobierno cubano a Puerto Rico; después que vomitó el veneno que Cuba le había inyectado, contra los políticos de Puerto Rico, comenzó a vomitarlo contra los americanos. Este mal ciudadano, y peor sujeto, tuvo el deshonor de decir que los yanquis habían invadido a Puerto Rico; no que los americanos los habían liberado. Este periodista, el cual suele decir que es democrático, fue enviado a la Republica Dominicana para que, con la cicuta del anti-americanismo le fuera trillando el camino a Lionel Fernández. Quien era un candidato a la presidencia de República Dominicana. Lionel no ha podido evitar que sea conocido, en el mundo político americano, como: *admirador de los gobernantes, Fidel Castro; y Hugo Chavez*. Y, como solía decirme: tía Eloína: Dime con quién andas y te diré quién eres. Estando en Santo Domingo, el periodista de marras, después de vomitar una sobredosis de veneno, contra los políticos que antecedieron a Lionel Fernández, lo descargó contra los americanos. Y, después de decir que eran unos invasores, cosa que la historia nos muestra que no es cierto; pues, cuando ellos han invadido a un país, ha sido porque un gobernante democrático de ese país, siendo Aliado de ellos, se lo ha pedido. En el caso de Santo Domingo, después de haberse enterado, que Francisco Caamaño, desde Cuba, y asesorado por Fidel Castro, había invadido La Española, por el territorio de Haití, con el propósito de tomarse el Poder por la Fuerza; el general Elías Wessin y Wessin, estando al mando de la Fuerza Aérea Dominicana, pidió a los Estados Unidos que lo ayudaran a controlar el país; ya que: Santo Domingo estaba siendo invadido por un grupo de Guerrilleros, que habían sido entrenados en Cuba. Este periodista, que se hace llamar: "Un defensor de la Democracia", cosa que ni su propia familia se lo cree, ha tenido el deshonor de decir por la Radio de Miami, que los Estados Unidos invadieron a Panamá para apresar al general Manuel Antonio Noriega. Pero lo cierto es que la DEA, al comprobar, a través de agentes encubiertos que Noriega personalmente traficaba, no sólo con drogas, sino que también con armas, para las guerrillas de Centro y Sur América, teniendo la evidencia en sus manos, fueron a buscar al general Manuel Antonio Noriega, a su Cuartel de Panamá. Después de Republica Dominicana; en los finales de los años 90's, el periodista de marras, fue enviado a Venezuela, para que le fuera trillando el camino al golpista Hugo Chávez, envenenando a los venezolanos con la cicuta del anti-americanismo ligada con una sobre dosis de: Todos los políticos son unos corruptos. Ello fue tan fuerte, en la Venezuela de los finales de los 90's, que los programas de la Televisión venezolana, al haber sido inyectados con una sobredosis de chistes basados en: Lo corruptos que eran todos los políticos, se empapuzaron, al recibir una sobredosis de anti-políticos. Por ejemplo: el programa humorístico que gozaba de más audiencia en Venezuela, no sólo por la calidad de sus chistes, sino que también por la de sus actores: Bienvenido, se había convertido en la principal tribuna de los anti-políticos de Venezuela. Ello hizo que el nivel de su audiencia bajara; pero que la crítica contra los políticos fuera bien efectiva para las aspiraciones del golpista de turno: Hugo Chávez. Bienvenido se pasaba por el Canal 23 de Miami. Y un día que me encontré, en un restaurante del Doral, de Miami, con uno de sus actores, le pregunté: ¿Chico, por qué Bienvenido, un programa rebosante de buenos chistes, hoy se haya convertido en una tribuna de anti-políticos? ¿Ustedes no se dan cuenta que esa es la principal arma que los comunistas suelen usar con el vil propósito de hacer creer que los sistemas democráticos no funcionan; que por eso, en los países que ellos gobiernan, mantienen en una dictadura vitalicia?

−Cónchale vale, eso yo lo sé; pero los actores no somos los culpables; el culpable es un periodista cubano que vive en Caracas. El periodista de marras, todo el tiempo está hablando mal de los políticos, de los ricos y, sobre todo, de los norteamericanos. Él dice que todos los ricos y todos los políticos son corruptos. Y que los norteamericanos son unos invasores. Cónchale vale, si hasta ha llegado decir que los americanos traicionaron a Bolívar, al no obligar a la Corona Española a que le diera la independencia a la Gran Colombia. −Me dijo el actor venezolano. El personaje de marras, después de estar en Venezuela, fue enviado a Miami, para que, allí, sembrara el odio, no sólo contra los políticos y los americanos, sino también contra los ricos. Él ha dicho por la radio de Miami las cosas más inverosímil, que humano pueda imaginarse, de los Estados Unidos. No sólo que son unos invasores, sino también: que dejaron que los japoneses lo invadieran en Pearl Harbor, para ellos tener una excusa para invadir a Japón. No sólo ello, sino que también dijo, cuando la explosión del acorazado Maine en el puerto de La Habana el 15 de febrero de 1898, matando a 234 marinos y que diera pie a la declaración de la guerra Hispano-americana: que los americanos habían dejado a 234 marinos, de la raza negra, en el Acorazado, para explotarlo con ellos adentro. ¡Señor! Líbrame de esos periodistas que se ponen la máscara de la democracia, para tratar de engañar a los incautos; que de aquéllos que dicen ser izquierdistas me libro yo! Sólo te diré que los negros no fueron admitidos en el Navy hasta el 1950. Y también que la sorpresiva invasión de los japoneses, a la Base de Pearl Harbor fue al amanecer del Domingo 7 de Diciembre de 1941. Día en que, por ser domingo, la mayoría de los soldados, de la Base, se hallaban con permiso. Y también, que esa invasión fue sin ni siquiera Japón haber declarado la guerra a los Estados Unidos. Además: Estados Unidos no necesitaba una excusa para invadir a Japón; sólo con ellos haberlos invadido era suficiente. No sólo ello, ese periodista tuvo el inmenso deshonor de decir, cuando el ataque a las Twin Towers de

New York por los terroristas de Al Qaeda, que ello fue
ordenado por George Bush, para que los Estados Unidos
tuvieran una excusa para invadir a Iraq, y eliminar a
Saddäm Husein. ¿Quiénes se pueden imaginar tamaña
falacia disfrazada de tonterías si no son los Izquierdistas
del siglo XXI?. Pues, como pensar que el Gobierno de
Estados Unidos va ordenar que derrumben las Torres,
que eran un símbolo del progreso comercial de esta
Nación; que, amén de tener un valor de Trillones de
dólares, tenían más de cinco mil empleados adentro?
Pero ello nos ha dejado una enseñanza: Que cuando
oigamos a sujetos de dudosa reputación hablando mal
de los yanquis y los ricos; decir que todos los políticos
son corruptos, si queremos tener la verdad acrisolada,
en nuestras manos, sólo debemos pensar: este es una
Yuca Podrida. Eso sólo se le ocurre a un admirador
de la revolución cubana o a un internacionalista. Pues,
quienes conocemos los inmundos epítetos que, en su
propaganda anti-imperialista, suelen usan los Yucas
Podridas, sabemos que los políticos y los ricos, de los
países democráticos, son sus principales objetivos. Es
por ello que, los periodistas cubanos; sobre todo los
que han pedido asilo en Estados Unidos, que digan que
todos los políticos son unos corruptos y que los ricos
son explotadores de los pobres; es más fidelista que
Raúl Castro. Ya que, esa es la política de los comunistas
para justificar su criminal y represiva dictadura. Otra
de las grandes tonterías −¡Cuidado! Las tonterías es una
de las principales armas que suelen usar los comunistas
para criticar la democracia−, dicha por el periodista de
marras, fue decir que los ricos malgastaban el agua
fabricando Edificios; que los fabricados en el Down

Town, de Miami, habían gastado millones de galones de agua. Esto, no sólo es una gigante tontería, sino que también una gigante estupidez. Pues, los edificios a los que él se refiere, están a metros del Rio Miami; por lo que se puede extraer el agua del rio, usando una moto bomba. Además; con la cantidad de agua que suele votar al mar el Rio Miami, en veinticuatro horas, se pueden fabricar miles de edificios, como los que han fabricado los arquitectos en el Down Town de Miami. Pero, donde le puso la tapa al pomo, el periodista de marras, fue cuando dijo que el Gobierno de los Estados Unidos, para salir de la crisis económica que está atravesando el país, sólo ayuda a los ricos. Que ello nos muestra que las grandes compañías: como la Ford Motor; la General Motor, y la Chryslers Motor Company, son las que gobiernan en los Estados Unidos. Que esos multimillonarios préstamos, que le ha hecho el Gobierno a esas Compañías causarán una deuda tan grande que hasta nuestros biznietos tendrán que pagarla. Que lo que debió hacer el Gobierno era, haberle dado ese préstamo a los comerciantes de la clase Media, y a los pobres. Es aquí, en este renglón: *a los pobres*; donde se nota que la mano de los arbitrarios comunistas está metida en ese asunto. Pues, en la vasta propaganda, que ellos suelen usar para tomarse el poder, se hacen pasar como defensores de los pobres. Quizás ese periodista conozca muy bien cómo es que funciona la democracia norteamericana; pero lo hace porque ha sido designado por el movimiento izquierdista del SigloXXI, para sembrar la desconfianza en el pueblo. Pues, la realidad es que esas compañías, como todas las de los Estados Unidos, una vez que sus ganancias llegan a una determinada cantidad, tienen que darle al gobierno el 90% de las ganancias. Es decir; que llega un momento en que ellas, prácticamente, trabajan para el gobierno de los Estados Unidos. Además; que esas grandes corporaciones automovilísticas generan más de la mitad de los pequeños negocios de la Nación; es decir: los de la clase media. Mira si lo que te digo es cierto; que ya, las corporaciones que recibieron un adelanto del gobierno, para que salieran de la crisis en que había caído el país; para que la pagaran en un plazo de cinco años, ya han devuelto hasta el último centavo. Ello quiere decir: que dichas corporaciones se adelantaron cinco años. Esto ha hecho que la economía esté en estado de recuperación. Pero las falacias dicha por esos sujetos de marras; como que la tendrían que pagar nuestros biznietos, se quedaron flotando en el ambiente.

—Hermano; por habértelo contado, ya vos sabéis los motivos que tuve para abandonar a mi amada Cuba. Ahora quisiera que vos me dijese, cuáles han sido los vuestros.

—El principal motivo que yo tuve, para que mi materia abandonara la tierra donde crecieron mis raíces: se debió al hecho de que yo soy un anticomunista innato. Esto hizo que, antes de Fidel Castro llegar al poder, yo comenzara a dudar de lo que él solía prometerle al pueblo cubano. Ello fue el día que llegó a mis manos: La historia me Absolverá. Manifiesto que Fidel Castro escribiera estando en la Cárcel de Isla de Pinos: hoy: Isla de la juventud; cuando él se hallaba cumpliendo la sentencia que le impuso el Tribunal de Justicia del gobierno de Fulgencio Batista, por el asalto al Cuartel Moncada de Santiago de Cuba, en el 1953, y que él, junto con el grupo del 26 de Julio, hicieran. En ese manifiesto, Fidel Castro dice: Que si él llegaba al poder, lo primero que haría sería intervenir la Compañía Cubana de Teléfonos. Una compañía que, no sólo suele explotar al obrero, sino también al pueblo. Y al yo estar trabajando en dicha compañía, pude darme cuenta que ello era una enorme falacia. Recuerdo que la persona que me dio el Manifiesto: La historia me absolverá, fue el Secretario General de la Federación de Trabajadores Telefónicos de Cuba: Vicente Rubiera. Y que yo, después de haberlo leído, le dijera a Vicente Rubiera: Este hombre está loco: ¿Cómo es posible que diga que la Compañía de Teléfonos es una explotadora del Obrero y del Pueblo cubano? Tú, Vicente; por haber sido el núcleo principal de nuestras conquistas laborales, sabes que nosotros, los telefónicos, somos los obreros mejores pagados de Cuba. Que las tarifas que la Compañía le cobra al pueblo, por el uso del teléfono, son las más bajas de América; pues, no sólo se le regala el teléfono, y no se le cobra por la instalación del mismo, sino también que, cuando se le descompone se le instala otro nuevo; amén que se le da mantenimiento: como el cambio de cables; las capsulas receptoras y transmisoras, etcétera. Y todo es hecho por los técnicos de la Compañía; que van hasta el lugar donde se halla el teléfono instalado y sin que el cliente tenga que pagar un centavo. ¿Cuál es tu opinión, Vicente, sobre lo que dice este sujeto?

–Para mí, lo más importante, es que tú te hayas dado cuenta de ello, Manolito. Y quiera el Señor que la mayoría del pueblo cubano también lo haga. Porque si no fuese así, perderemos a Cuba. La actitud de Fidel Castro me hace pensar: que es un miembro del comunismo internacional. Como lo dijera, en su programa de la Televisión: el Doctor Otto Meruelo. Ya que son ellos, los comunistas, los que, al saber que la mayor accionista de la Compañía Cubana de Teléfonos es la International Telephone and Telegraph: la ITT. Y que ésta, al ser la principal financista de la CIA., la quieren destruir. Y ello sería fatal para la Clase Obrera de Cuba. Ahora dime, Manolito: ¿En qué tú te basas para decir que eres un anticomunista innato?

–Te diré, Vicente; como fue, y desde cuando yo me di cuenta que había nacido, siendo un anticomunista. No recuerdo la fecha exacta; pero si sé que fue antes del violento Ciclón que azotó la provincia de Camagüey, en el mes de octubre de 1933. Y que, al haber nacido el 27 de Julio de 1928, yo apenas había cumplido los cinco años de edad. También recuerdo que fue una tarde; puesto que, mi abuela materna tenía la costumbre de sentarse, con los hijos que aún vivían con ella, en horas de la tarde, en el portal de su casa. Y una tarde, que la familia se hallaba reunida en el portal, escuché a mi abuela cuando decía a sus hijos: como los comunistas habían destronado a los Zares de Rusia y como habían asesinado a toda la familia: Al Zar, la Zarina, y a sus hijos, salvajemente. Y mi infantil mente, aunque aún no tenía el conocimiento necesario para entender a los Hombres, si tenía un corazón cristiano. Y ello le decía, a mi cristiano corazón, que esos hombres que después de haberlos humillados con frases y acciones atiborradas de insolencias asesinaron, con un exagerado salvajismo, a la familia de los Zares, no podían ser buenos gobernantes. Después, estando en otra reunión familiar, en el Portal de la casa de mi abuela, escuché a la abuela cuando le contaba a sus hijas, entre ellas a mi madre, la historia de cómo los revolucionarios franceses; dirigidos por el terrorísta: Maximilien de Robespierre, le cercenaron la cabeza a la bella Reina de Francia: María Antonieta. Esa, no sólo fue la primera vez que vi a mi abuela llorar, sino también a mi madre. Ello me hizo comprender: que los comunistas y los revolucionarios transitan por la misma senda y con los mismos objetivos: Tomarse el poder por la fuerza; aunque para ello tengan que dejar el camino, por el que han transitado atiborrado de sangre, destrucción y muerte. Y que, los revolucionarios son los soldados del comunismo internacional. Años después, cuando leía un escrito de Ignacio Agramonte; en el cual el Bayardo decía: que para conocer cuáles son los hombres que odian y destruyen, y cuáles son los que aman y construyen, sólo había que contarle lo que hicieron los revolucionarios franceses para tomarse el poder. Aquéllos que se alegren, con las muertes que ocasionaron los revolucionarios, son los que odian y destruyen. Y los que suelen verlo como un acto de salvajismo, son los que aman y construyen. Ello fue, mi estimado Vicente; lo que me hizo comprender que, Fidel Castro, al decir que es un revolucionario, y que si llegara a triunfar intervendría la Compañía de Teléfonos, pertenece al grupo de los que se alegraron del salvaje asesinato de la Reina de Francia: Maria Antonieta, cuando Robespierre diera la orden a los revolucionarios franceses que le cortaran la cabeza en la guillotina. Y, también, de la salvaje matanza de los

Zares de Rusia, que realizaron los comunistas rusos. Y, estimado Vicente Rubiera, los comunistas son los que odian y destruyen. Todo ello me hizo comprender que yo era un anticomunista innato. Ya que, junto con mi madre, lloré cuando hube de enterarme, como los revolucionarios franceses le cortaron la cabeza, en la guillotina, a la Reina de Francia: María Antonieta.

–Bueno, Manolito; roguemos porque nuestra opinión sólo sea una conjetura; que estemos equivocados. Y que Fidel Castro no haga lo que él ha dicho en ese Manifiesto: La historia me Absolverá.

Pero, como ya sabemos, después de Fulgencio Batista haber abandonado el poder, el 31 de diciembre de 1958, a las 12:00 de la media noche, cuando toda Cuba esperaba la llegada del nuevo año: Fidel Castro llegó a la Capital de Cuba: La Habana, el 8 de Enero de 1959. Lo hizo encima de un Tanque de guerra, y fue directo para la Base Militar de Columbia; municipio de Marianao. La Base más grande que tenía la República de Cuba, a la sazón. Allí él, Fidel Castro, dio su primer discurso. Este discurso fue conocido como en el que, cada media hora: Fidel Castro se volteaba hacía donde estaba Camilo Cienfuegos, y le preguntaba: ¿Voy bien, Camilo? Y, también, el discurso donde a Fidel Castro se le posara una paloma blanca en el hombro izquierdo. Pero para mí fue el discurso donde Fidel Castro mostraba la que sería su gobierno. Al saber lo importante de su primer discurso, esa noche me quedé en mi casa; me senté frente al televisor y me concentré en analizar ese discurso, palabra por palabra. Y cuando el sueño se estaba haciendo dueño del ambiente, por lo largo del discurso, Fidel Castro hizo que me espabilara; al decir:

¡No crean que nuestra lucha ha terminado! Al contrario; ahora es cuando ella comienza; cuando los enemigos de nuestra revolución se están preparando para destruirnos. Pero yo confío en el pueblo; y sé que mi pueblo está dispuesto a dar la vida por nuestra Revolución. Quizá esas no fueron las palabras textuales que usara; pero si fue su contenido. Ello no lo olvido porque ese fue el momento en que yo me dije: "Este tipo pertenece al grupo de los que se alegraron cuando se enteraron que los revolucionarios rusos habían asesinado, en el acto más salvaje que recuerda la historia moderna, a la familia Románov; el último Zar de Rusia. Acribillando, salvajemente, al Zar, la Zarina, y a sus hijos.

Días después; Fidel Castro y su revolución me hizo llorar. Ese día, a las 7:00 de la mañana, cuando salía del edificio donde vivía, el que está frente al Parque: Los Libertadores, en la zona donde se hallaba el histórico monumento al Maine, el acorazado que, al ser volado en la bahía de La Habana, el 15 de Febrero de 1898; en una explosión que fue catalogada como misteriosa, fuera el principal motivo para que los Estados Unidos le declarara la guerra, a la dividida España, a la sazón, entre federales y unitarios: la Guerra Hispanoamericana. Y cuando yo pasaba frente al monumento al Maine, vi algo que me paralizó: Allí, en el histórico monumento, había un grupo de obreros vestidos de milicianos, que estaban derrumbando el Águila, que tenía como insignia el acorazado norteamericano: Maine; y que el presidente: Geraldo Machado, ordenó sacar del fondo del mar, en el sitio donde se había hundido, junto con dos cañones y el Ancla del Maine, para ponerla en dicho monumento (1927), como un recordatorio a los que habían fallecido en dicha explosión.

Al saber que ese bello monumento simbolizaba la Cuba Republicana; por la que la dieron sus vidas los inmortales mambises, sentí que mi patria, cual ese monumento, se estaba derrumbando; que hombres vestidos de milicianos, al tiempo que gritaban consignas, pertenecientes a una extraña ideología, la estaban destruyendo. Y, al pensar: ¡Cuba, te estamos perdiendo!, sentí rodar por mis mejillas sendas lágrimas. Al pasar frente a la estatua del General Ignacio Agramonte; en la que el Bayardo está montado en su caballo: y éste está parado en dos patas: simbolizando que el General Ignacio Agramonte murió en combate, me detuve. Y, mientras contemplaba su imagen de bronce, retrocedí al 20 de Mayo de 1902. Y en mi cubana mente se posaron las imágenes de los bravísimos mambises que sobrevivieron a la guerra de Independencia cubana, en el momento en que estaban reunidos para escoger, entre los que combatieron contra el Ejército que la Corona española mantenía en la isla: que el inmortal navegante Cristóbal Colón, después de haber descubierto el nuevo continente el 12 de Octubre de 1492, cuando llegó a una pequeña isla en Las Bahamas, que los nativos llamaban Guanahaní; que él llamara San Salvador; y que después de los nativos de Guanahaní le indicaran que hacia el Sur había una guana (isla), más grande que Guanahani, y que era llamada por sus nativos: Cubanacán, y Colón se dirigiera hacía ella y la descubriera; que al hacerlo, dijera: Esta es la tierra más bella que ojos humanos hayan visto. Y que después, en el 1511, España, por medio del designado adelantado: Diego de Velazquez, iniciara su conquista. También, que estando sumergido en la Cuba de 1902, yo escuchara cuando el generalísimo Máximo Gómez le decía al ilustre intelectual y patriota cubano: Don Alfredo Zayas-Alfonso; quien fuera confinado por España en sus prisiones de África, y que era miembro de la Asamblea constituyente de 1901; que al haber sido escogido para que pronunciara el discurso de la inauguración de La República de Cuba, el 20 de Mayo de 1902, formó la comisión que escogería entre los soldados mambises que habían luchado por la independencia de su Cuba: Cuál había acumulado los honores suficientes como para serle dedicada la inauguración de la República: —Yo le agradezco, honorable Doctor Zayas, me haya escogido entre los principales mambises para serle dedicada la nueva Republica de Cuba; pero, al usted preguntarme: que después de mi persona, cual yo pienso que sería el más indicado para ocupar tan honorable posición, tengo que decirle que, no sólo yo, sino los que hemos tenido la suerte de haber salido con vida de la desigual guerra que supimos mantener contra la Corona española, y que nos hallamos hoy reunidos aquí, en La Habana, mi respuesta es: la misma de todos ellos: Que por haber sido el único General Mambí que, si no lo hubieran matado, en una emboscada, la cual muchos pensamos que fue obra de un delator, hubiese terminado con el Ejército Español. Lo dice el significante hecho de que él, Ignacio Agramonte, fue el único General mambí que el ejército español no quiso entregar su cadáver. Pues, lo quemaron y escondieron sus cenizas alegando que el General: Ignacio Agramonte, aún muerto, desde su tumba terminaría con el ejército Español. Y aquéllos que tuvimos el gran honor de haber conocido personalmente al Bayardo General: Ignacio Agramonte, lo confirmamos. Sólo ese histórico hecho, honorable doctor Zayas, nos confirma que el General: Ignacio Agramonte, es el máximo merecedor del honor: que le sea dedicada la inauguración de la Republica. A él solo; ni siquiera a mí, junto a él; como lo han sugerido varios miembros de la Comisión que, tan dignamente, usted preside. Además; quiero recordarles, a los miembros de esta Comisión, que el General Ignacio Agramonte, era un hombre que amaba con pasión a su Cuba; que él estaba contra todo tipo de dictaduras. Ello nos lo confirma, el hecho de que, cuando Gonzalo de Quesada, quiso fomentar una dictadura él, Ignacio Agramonte, Renunció. Mostrándole a los cubanos, que él era un hombre de ideales democráticos; que no admitía ningún tipo de dictaduras.

–Gracias, generalísimo Máximo Gómez, por su dignidad; por amar tanto a nuestra Cuba; por ser el banilejo más honorable que haya dado, su bello país: la República Dominicana. Ahora quisiera que nuestro generalísimo nos hiciera el honor de aceptar: el haber sido designado por nuestra Comisión, para izar la gloriosa Bandera Cubana, en el Morro de La Habana, el 20 de Mayo de 1902.

Os puedo asegurar, queridos hermanos cubanos, que ese día, el 20 de Mayo de 1902, en el momento que esté izando la gloriosa Bandera de, mi segunda patria, Cuba; será el más emocionante de mi vida. Y que estas palabras serán corroboradas por las lágrimas, que han de nublar mis ojos, al pensar que los cubanos: ¡Hemos llegado!

Después, regresé a la estatua de Ignacio Agramonte; la que el propio Alfredo Zayas, cuando fue electo presidente de la República, en el 1922, había instalado en el Parque, que llevaría su nombre: Ignacio Agramonte. Pero, siendo presidente de la República: Ramón Grau San Martín, después de instalar una estatua del General Antonio Maceo, le llamara: El Parque de los Libertadores. Y que, después de Fulgencio Batista dar el golpe de Estado, en el 1952, le pusieron: Parque Antonio Maceo. Y ahora yo, al tiempo que le miraba, le dije con el pensamiento: General Ignacio Agramonte; sé que usted estás sufriendo, al ver lo que están haciendo los comunistas con su amada Cuba; con la Cuba por la que usted dio la vida; la Cuba que usted me enseñó amar; pero también sé que ésta, su estatua, será la guía de los cubanos con vergüenza; de los cubanos que sentimos una inmunda repugnancia por aquéllos sujetos que hubieron de alegrarse harto, cuando se enteraron que los salvajes revolucionarios franceses, le habían cortado la cabeza, en la guillotina, a la Reina de Francia: María Antonieta. También, cuando los sanguinarios bolcheviques rusos asesinaron, salvajemente, después de haber vejado, con las acciones más vulgares y humillantes que registra la historia del Hombre, a la familia Románov; al último Zar de Rusia. Y por los que odian y destruyen. Pero también sé que al su cadáver ser el único de los grandes generales mambises que fue quemado por los españoles, alegando que usted, aún después de muerto, desde la tumba en que sería enterrado, terminaría con el Ejército Español: que libertaria a su Cuba. Y que si esta vil gentuza, que suelen llamarse revolucionarios, llegaran destruir a su amada patria: Cuba; ésta, su estatua, simbolizará su cadáver y éste, cual el Ave Fénix, renacerá de sus cenizas; y, como proclamaran los soldados de la corona española, en el 1873: libertará a su amada Cuba: nuestra Cuba.

Pero la gota, que derramara la copa de mi inquietud patriótica, la recibí cuando hube de llegar al edificio de la Compañía de Teléfonos, en la calle Águila #565. Allí me encontré con el cuadro más repugnante que había visto en mi existencia: varios milicianos destruyendo el Logo de la Compañía de Teléfonos. Este era una plancha de bronce con un teléfono grabado; estaba incrustada en el centro del Lobby del Edificio. Cuando le pregunté a los milicianos: porque destruían ese histórico Logo; sus respuestas fue: Ya esta Compañía pertenece al pueblo cubano. Al saber todo lo que había hecho por el desarrollo económico de Cuba la Compañía de Teléfonos; desde instalar la primera emisora de Radio, en el 1922, hasta haber instalado un cable submarino, que conectaba a Cuba con los Estados Unidos y, por ende, con el mundo; saber los grandes beneficios que brindaba a sus empleados, y ver a dos comunistas vestidos de milicianos, como destruían el logo que la identificaba, y ver a varios milicianos armados con ametralladoras protegiéndolos, me vino a la mente las palabras que me había dicho Vicente Rubiera, cuando me dio a leer el Manifiesto que Fidel Castro escribió cuando estaba en la cárcel: La historia me absolverá: *Manolito, sólo nos queda rogarle al Señor que nosotros estemos equivocados; porque ello sería la destrucción de nuestra Cuba.* Entonces le dije, con el pensamiento: Vicente; hoy ha comenzado la destrucción de nuestra amada Cuba. Y me fui para la oficina de Suministros;

donde yo trabajaba. Cuando llegué a mi escritorio me encontré, sobre él, el periódico Hoy. Éste Diario era el periódico del Partido Comunista Cubano. Lo tomé con ambas manos y después de estrujarlo, al momento que preguntaba: ¿Quién puso es periódico aquí?, lo eché al cesto de la basura.

–El nuevo superintendente de Suministros –Rápido me respondía: Alberto Bru; quien era el jefe de Oficina del Departamento–. Él está en su despacho.

–Raudo me dirigí al despacho del superintendente y, al estar la puerta abierta, entré. Cuando enfoqué la mirada hacía su despacho, sentí un extraño frio correr por todo mi cuerpo: Vi a un mal vestido miliciano sentado en la silla… y con los pies sobre el escritorio. Los empleados que trabajaban en las oficinas de la Compañía se vestían con ropas elegantes; la mayoría usábamos camisas de cuellos duro, con corbata; también usábamos guayaberas de cuello duro. Y los superintendentes usaban trajes con cuello duro y corbata. Pero el superintendente que habían nombrado el interventor vestía el uniforme de miliciano, y lo tenía medio sucio y estrujado.

–Sé lo que vos estás pensando, Manolito (ya sabía mi nombre); pero quiero que sepas que, en esta Compañía, ya se terminó la burguesía. Pues, desde hoy: la Compañía Cubana de Teléfonos pertenece al pueblo cubano.

–Yo sólo venía a decirle que alguien puso el periódico Hoy, sobre mi escritorio. Y no quiero que usted piense que yo vengo aquí, a la oficina, a leer periódicos; pues, yo sólo vengo a trabajar.

–Ya le dije que esta Compañía ha pasado ser del pueblo cubano; que la burguesía ya se ha terminado. Ello quiere decir, compañero, que puedes leer el periódico Hoy. Pues, ello lo ha ordenado el Partido. Es muy saludable que estés enterado del proceso de la Revolución; de la revolución del compañero Fidel Castro; de nuestra revolución; ya que, según ha dicho el compañero Fidel Castro, los yanquis nos han de invadir. Míre; esta es la lista de los compañeros de esta Oficina, que tendrán que hacer guardia, vestidos de miliciano, en la entrada. El día que al compañero le toque hacer guardia, en la puerta de entrada, un compañero le dará el uniforme... y el rifle que usarás.

–Mire, jefe; yo... –¡No me digas jefe! Ya le dije que en esta Oficina se han terminado las costumbres burguesas. Dígame compañero.

Al notar la clase de elemento que se estaba apoderando de Cuba, después de haber analizado los alrededores y notar que estábamos rodeados de milicianos armados con ametralladoras, y comprender que me hallaba impotente me dirigí al cuarto de descanso de la Oficina para limpiar mis ojos: que se había llenado de lágrimas, al pensar que la Cuba que le habían dado vida estaba siendo destruida. Hubo algo que me hiciera comprender: que los hombres malos pertenecen a todas las razas y a todos los niveles sociales: Los milicianos que cuidaban la puerta de entrada, mientras uno registraba al empleado que llegaba el otro lo apuntaba con la ametralladora. Cuando ellos me estaban registrando, les dije: ¿Después de 12 años trabajando juntos me van a registrar cual si fuere un delincuente?

–¡Órdenes son órdenes, compañero! Además; tú no te has incorporado a nuestra revolución. Y, según nos ha dicho nuestro líder: Fidel Castro: ¡Aquéllos que no se incorporen a nuestra revolución serán declarados nuestros enemigos!

También noté, que habían empleados que se alegraron de que Fidel Castro interviniera la Compañía de Teléfonos; pues, sus expresiones mostraban una honda satisfacción; estaban gozando de un desenfrenado orgasmo espiritual, al ver la destrucción del logo de la Compañía Cubana de Teléfonos; la Compañía que les había dado las conquistas laborales más avanzadas de América; que les había dado dos clubes sociales: uno en la avenida Carlos III, de La Habana, y otro en la Playa. Este era el más esplendoroso de Playa Güanabo. También teníamos un ómnibus, con su chofer, para transportar los socios a la playa. Un Panteón de fino Mármol de Isla de Pinos, en el cementerio Colón, de La Habana. En ese Panteón, los empleados podíamos enterrar desde los hijos hasta los abuelos. El Panteón de los Telefónicos era el segundo más lujoso del Cementerio Colón. El primero, lo era el de los Hermanos Masones.

Estando en el cuarto de descanso, de los empleados, tratando de reponerme de los golpes que ya la incipiente revolución me había dado, escuché por los altos parlantes cuando uno de los milicianos decía: ¡Compañeros! Vengan para el Lobby del Edificio. Que el compañero interventor dará un mitin relámpago. Estas reuniones relámpagos se hacían todos los días, y a la hora menos esperada; y por lo menos, dos veces al día, en la semana. Hubo temporada que, por Fidel Castro decirlo por la televisión, y con un acento súper cargado de realismo:

que la invasión de los yanquis era tan real, que él ya la veía asomar por el horizonte del norte de la isla; se hacían todos los días. Ello hizo que mi mente aterrizara; que se diera cuenta que estaba en la misma compañía en la que llevaba 13 años trabajando, pero que, cual inesperada hecatombe había caído en las garras del sanguinario y brutal comunismo internacional. Ello me lo confirmaba el Interventor cuando, estando en el centro del Lobby dijo, vestido de miliciano: ¡Compañeros! Los he citado aquí; porque quiero leerles el comunicado que el compañero Fidel Castro me ha enviado junto con la orden que se los lea. Compañeros: Tenemos noticias, de fuentes bien confiables, que los imperialistas yanquis se están preparando para invadirnos; que nuestro territorio será invadido por ellos, con la maligna intensión de quitarnos nuestra Compañía. La compañía del pueblo cubano. Es por ello que, por este medio estoy ordenando al compañero interventor que, con harta urgencia, forme la Milicia Telefónica. Que, desde hoy, los compañeros que amen nuestra revolución; la revolución del pueblo cubano, serán entrenados para defenderla; para exterminar a los invasores yanquis. Y, también dice, el compañero Fidel Castro, que debido a la invasión que están preparando los imperialistas yanquis, los compañeros trabajaran hasta el sábado. Y aquéllos que amen de todo corazón a nuestra Revolución; la revolución del compañero Fidel Castro Ruz; trabajaran como voluntarios, los domingos. Ahora pueden ir hasta la mesa que hemos puesto frente a los elevadores, para inscribirse en la Milicia Telefónica. Allí, en esa mesa, se encuentra el compañero que les dará el entrenamiento necesario, para que todos estén listos, para combatir a los imperialistas yanquis.

Si las palabras del Interventor me arrugaron el corazón la actitud tomada por el grupo de trabajadores, que se estaban alistando para entrenarse en la Milicia Telefónica, para, según dijera el miliciano: terminar con los invasores yanquis me hizo sentir una nauseabunda repugnancia por la plebe cubana; sobre todo por los que disfrutaban de un orgasmo espiritual sin límites, cuando se enteraban que los revolucionarios bolcheviques rusos habían acribillado, salvajemente, a la familia Románov; al Zar y la Zarina de Rusia, y a sus hijos. Que son los mismo que hoy, en el vestíbulo del Edificio de la Compañía Teléfonos, según sus expresiones, están gozando de un orgasmo espiritual, sin límites, al ver como los exterminadores de países, están destruyendo, no solamente la moral de los trabajadores telefónicos, sino también las conquistas laborales que, con harto sacrificio, lograron conquistar los dirigentes sindicales de la Cuba Republicana. Pues, La Federación de Trabajadores Telefónicos de Cuba; cuyo secretario general era: Vicente Rubiera, había logrado que los trabajadores telefónicos de Cuba trabajaran de Lunes a Viernes, 40 horas a la semana, y se le pagaran 48. Ello fue en el 1944. Amén de otras grandes conquistas que, por su magnitud, había puesto a Cuba en el cuarto lugar del mundo en tener las mejores conquistas laborales. Y ahora, alegando que los imperialistas yanquis nos iban invadir, para quitarnos nuestra Compañía –La misma Compañía que la revolución le había quitado a los yanquis–, ellos, los trabajadores, trabajaran hasta los domingos. Y, también, que serán entrenados para combatir a los "Invasores." Es decir; cuando terminen sus labores del día, tendrán que quitarse el uniforme de la Compañía de Teléfonos, para ponerse el uniforme de Miliciano; para entrenarse, para proteger a Cuba de la "invasión", de los imperialistas yanquis. Ello quiere decir que trabajaran hasta las ocho de la noche. Estos súper mal agradecidos sujetos, como para lastimar a los que no se habían unido a las milicias; a los que sabíamos que los americanos jamás invadirían a Cuba, se pasaban el día diciéndose uno al otro, con un cargado tono de cinismo y, lo suficientemente alto para que fuera escuchado por los "Gusanos": Oye, fulano, acuérdate que hoy, en la noche, nuestra Milicia entrenará en el Reparto Apolo; pues, tenemos que entrenarnos muy bien. Ya que, debemos estar bien listos para cuando los imperialistas yanquis nos invadan eliminarlos a todos. No dejaremos un yanqui con cabeza. Ya yo tengo los míos, los treinta que a mí me tocan, en la mirilla. (En esa época, en el 1960, Cuba tenía seis millones de habitantes. Y USA: 180 millones.

A pesar de los golpes recibidos por las súper anormales acciones de la incipiente Revolución Cubana; como buen cristiano y con el elevado grado de optimismo adquirido, a través de los libros de Psicología, mi cubana mente aún atesoraba la esperanza de que mis hermanos cubanos, al notar el engaño que la revolución de Fidel Castro estaba sembrándole, despertaran. Y que todos, unidos en un solo ideal: la recuperación de la democracia, termináramos con las injusticias, los atropellos y las repugnantes muertes en el inmundo Paredón revolucionario, que los comunistas, con el traje de revolucionarios, están cometiendo. Y que son alentados por el comandante Ernesto Che Guevara; un sanguinario argentino que solía decir: Fusilamientos, si: hemos fusilado, fusilamos, y seguiremos fusilando. Pues, nuestra lucha es a muerte. No usen métodos legales con esta banda de criminales; con esta pandilla de esbirros. Yo los pondría a todos en el Paredón y con una cincuenta: ta, ta, ta, ta, ta, ta... a todos. El odio como factor de lucha; el odio intransigente al enemigo, que impulsa más allá de las limitaciones naturales del ser humano y lo convierte en una efectiva, violenta, selectiva, y fría máquina de matar. Nuestros soldados tienen que ser así; un pueblo sin odio no puede triunfar. El mismo Ernesto Che Guevara era un aficionado a ejecutar cubanos puestos en contra de la pared. Por esto se ganó el apodo de: El carnicero de La Cabaña. Y Charco de sangre. Es decir: que yo aún confiaba en los valores de mis hermanos cubanos. Pero qué triste decepción; que andar por entre podridas y nauseabundas fosas; que inmenso dolor en mi cubano corazón. Pues, esa noche, cuando prendí la televisión, después de mostrar el primer fusilamiento que se televisaba; el de un ciudadano cubano, que había pertenecido al gobierno de Fulgencio Batista, y éste, en el instante que el verdugo que dirigía el pelotón de fusilamiento gritaba: ¡Disparen!, levantaba su mano derecha y con una impresionante tranquilidad gritó: ¡Muchachos ahí les dejo su revolución! ¡Cuídenla! Esas palabras, junto con la serena postura que asumió aquel valiente señor, en el momento de morir, y su imagen en el instante que los impactos de las balas lo tiraban hacía atrás, aún perduran en mis pupilas. Si ese monstruoso fusilamiento hizo que me doliera hasta el pensamiento, la actitud asumida por los que se hallaban en el Coliseo, cuando, en los televisores instalados en él, mostraron ese infame fusilamiento y noté, como la plebe que se hallaba allí, observando el juicio de Sosa Blanco, daban gritos de júbilos, al ver aquel monstruoso fusilamiento, hizo que me doliera hasta el mismo centro de mi cubano corazón; pues, comprendí que la plebe cubana era peor que la plebe que pidió la salvación de Barrabás; y la crucifixión de Jesús de Nazaret. Aún peor que la plebe del Coliseo Romano; la que grataba: ¡Muerte! Muerte! Cuando el Emperador Romano: Calígula, ordenaba soltar a los hambrientos leones, para que despedazaran a los que no estaban de acuerdo con su infernal gobierno. Sólo que, en este Coliseo, se hallaban unos hombres, con satánicas expresiones, que decían ser componentes del Tribunal Revolucionario Cubano; que le estaban celebrando un juicio a un ciudadano que había sido miembro del Ejército Constitucional de la República: el General Sosa Blanco; que, aquéllos que le conocieron, solían decir que era una bella persona; que él no había matado a nadie; que su único delito fue el haber sido general del ejército de Fulgencio Batista. Aún no había salido de mi angustioso estado de inquietud, cuando mis ojos vieron algo que, si me lo hubiesen contado, sin yo haberlo visto no lo hubiese creído: El Fiscal revolucionario, después de llamar a un testigo, le dijo que mirara hacia donde se hallaban los acusados y le señalara cuál de ellos era el "asesino" general, Sosa Blanco. Y el testigo señaló a uno que se hallaba en el lado contrario de donde estaba Sosa Blanco. Y lo inverosímil es, que Sosa Blanco estaba vestido con un uniforme rayado de preso y esposado. Lo que mostraba que todos los testigos eran falsos. Después se supo que eran presos comunes que los habían sacado de la cárcel con la promesa de dejarlos libres si acusaban al general Sosa Blanco. Pues, para sembrar el terror, el líder de la Revolución cubana: Fidel Castro, había dado la orden de fusilar a todos los presos que habían pertenecido al gobierno del "dictador" Batista. Y el revolucionario más sanguinario que tenía la revolución cubana; el argentino: Ernesto Che Guevara, al que los cubanos llamaban: Charco de Sangre, decía: A nosotros, los revolucionarios, no nos temblarán nuestras manos, cuando empuñemos el Rifle que usaremos para fusilar a todos los que estén contra la Revolución. La revolución del compañero Fidel Castro; la revolución del pueblo cubano.

Al notar aquella sarta de inmoralidades; ver cómo, con exagerado regocijo, la plebe cubana disfrutaba, no sólo de los fusilamientos, sino también de los repugnantes juicios revolucionarios; pensé: Esto que está sucediendo en Cuba hoy, es una copia de lo que sucedió en el Coliseo Romano, en el tiempo del Emperador Romano: Cayo Cesar Augusto Germánico: Calígula. Sólo que los asistentes del Coliseo Romano gritaban: ¡Vida al Cesar! ¡Vida al Cesar! Y los del Coliseo Deportivo Cubano gritan: ¡Muerte a Sosa Blanco! ¡Paredón, Paredón! Es decir; que son los mismos perros; pero con distintos collares. Y, al pensar en lo que había dicho mi abuela, cuando yo daba mis primeros pasos por las sendas de la vida, sobre cuál era la reacción de un ateo, y la de un cristiano, cuando se enteraban: como los revolucionarios franceses le habían cercenado la cabeza, en la guillotina, a la Reina de Francia: Maria Antonieta. Y, como los bolcheviques rusos, después de haberse burlado y humillado, con las más burdas acciones que recuerde la historia de la humanidad a la familia Románov, hubieron de acribillarlos, en la más salvaje masacre que recuerda la historia moderna; una masacre tan monstruosa, que ni siquiera tuvieron compasión con el más pequeño de los hijos, el cual padecía de Leucemia: un niño de sólo doce años de edad–, sentí un raro escalofrío correr por todo mi cuerpo: ¡Dios mío! ¿Será cierto lo que está pensando mi cubano corazón: que los comunistas, desde Antonio Mella hasta Fidel Castro, con sus venenosas diatribas contra la Enmienda Platt, y contra los imperialistas yanquis, han adoctrinado a la gran mayoría de los cubanos; que los han convertido en aquellos que gozan de un desenfrenado orgasmo espiritual, cuando se han enterado de cómo los revolucionarios franceses cercenaron la cabeza a la Reina de Francia: Maria Antonieta; y de cómo los bolcheviques rusos acribillaron al Zar, a la Zarina, y a sus hijos? Y de cómo hoy, el Asesino de la Cabaña: Ernesto Che Guevara, un argentino que está fusilando, en el apestoso Paredón revolucionario, a ciudadanos cubanos; por el solo delito de haber pertenecido al Ejército Constitucional de la Cuba Republicana? Después, al hacer una minuciosa revisión de los hechos, y haber notado cómo los cubanos que luchan por recuperar la democracia perdida en Cuba, aún hoy: dicen que los americanos intervinieron en Cuba, cuando ya los mambises tenían la guerra ganada. Que ello los convierte en el oprobioso grupo de los Ingratos, y de los adoctrinados por los ideólogos del Partido Comunista Cubano; pues, ello es una de las tantas falacias usadas por ellos, con la perniciosa intención de sembrarle a los cubanos, amén de un estúpido nacionalismo, un nocivo antiamericanismo. Y al ser los Estados Unidos poseedores de la democracia más organizada y sólida de occidente; y por ende, el principal benefactor de los países que suelen profesar la democracia en el universo, todos los dirigentes que desean implantar una dictadura en su país comienzan por sembrar, entre sus ciudadanos, un antiamericanismo sin razón; carente de la verdad. Y, al comunismo ser una doctrina, los ideólogos ordenan a sus miembros usar la repetición de las consignas para con ello, programar a sus adoctrinados. Por ejemplo: Si Antonio Mella repetía: que los Estados Unidos le habían implantado a los cubanos la Enmienda Platt, con la idea de tomarse el poder en Cuba; y que Gerardo Machado era un dictador, y que éste estaba amparado por los yanquis, los que le procedieran debían seguir con la consigna, que el Partido les había impuesto: Repetir las mentiras; pues, ese era el lema ordenado por los ideólogos del Partido. Y, desde Antonio Mella hasta Fidel Castro, los comunistas cumplieron, con las consignas ordenadas, con tanta puntualidad, que aún hoy, entre los exiliados, dicen que la implantación de Enmienda Platt fue un error de los Estados Unidos. Y que Gerardo Machado era un dictador. Pero si nosotros regresamos al 1901, cuando los Estados Unidos, después de haber ganado la guerra hispanoamericana, al vencer al poderoso ejército que la Corona española mantenía en Cuba; y de haberla organizado, se la entregaron a los cubanos. Y que, si le anexaron una Enmienda, a la constitución: la Enmienda Platt, fue para protegerla de los invasores de turno; los invasores que, a la sazón, pululaban por todo el Caribe Americano. Y, también, que Gerardo Machado, 1925-1933, no fue un dictador. Él sólo pidió que le prorrogasen su periodo de gobierno por dos años; que ello era necesario para completar la labor de reforma que llevaba a cabo. Machado no quería una reelección; estaba absolutamente opuesto al principio de la reelección. Además, no quería cuatro años adicionales, sólo dos. Dos años, decía, eran necesarios para poder terminar su labor. Esto era porque los banqueros americanos, le concedieron un préstamo de 80 millones de dólares, que Machado había pedido para la terminación de las obras que había comenzado. Y fue por ello que él pidió le prorrogasen su periodo de gobierno por dos años adicionales. Sólo dos años; repetía. Y esto, si sabemos todo lo que Gerardo Machado, hizo por su Cuba; tenemos que creerlo. Al presidente Gerardo Machado, al conocerse como el eximio constructor de La Habana, la Capital de Cuba, la Federación de obreros cubanos lo proclamó: El Primer Obrero de Cuba. Por todo esto, estoy seguro de que usted se dará cuenta, que todo fue una de las tantas falsedades que los comunistas suelen usar, con la malévola intensión de apoderarse del poder. Y también, que él, Gerardo Machado, no fue un dictador. El motete de dictador se lo pusieron los que querían tomarse el poder por la fuerza, para implantar una dictadura vitalicia: un grupo encabezado por Julio Antonio Mella. Y, al haberlo repetido los comunistas, por tantos años, aún hoy, hasta en el exilio cubano, al honorable presidente: Gerardo Machado, se le dice: el dictador Machado. Ello corrobora lo que tanto les he dicho, sobre la repetición de las taimadas consignas de los comunistas. Debo recordarles que, el General Gerardo Machado, fue el presidente que convirtió a la

Capital Cubana: La Habana, en la más bella del mundo. Y, a su Cuba: en el país más desarrollado de América Latina. Otro gobernante cubano, que Fidel Castro suele decir que fue un dictador, y que los comunistas suelen repetirlo, fue Fulgencio Batista. Pero Batista solamente fue un Golpista. Fulgencio Batista dio un golpe de estado el 10 de Marzo de 1952. Y, en Junio de 1954, él celebró elecciones constituyentes. Las elecciones constituyentes en Cuba, se celebraban cada 4 años; y eran para elegir a los Senadores, y a los Representantes de la Republica. Y en el 1956, fecha en que, según dictaba la Constitución Cubana, de 1940, tenían que celebrarse Las elecciones generales. Batista celebró Elecciones Generales. Pero, por orden de Fidel Castro Ruz, el candidato favorito de la gran mayoría del Pueblo cubano: el Doctor Ramón Grau San Martin, el candidato del Partido Revolucionario Cubano Auténtico, se abstuvo; decepcionando al pueblo cubano.

Fidel Castro repetía, para justificar su oposición a la celebración de las elecciones: que el "dictador" Fulgencio Batista cometería un fraude. Pero los que no gozábamos de un orgasmo espiritual sin límites cuando nos decían el exceso de salvajismo usado por los bolcheviques rusos: cuando acribillaron al último Zar de Rusia, y a su familia: a la Zarina, y a sus hijos; incluyendo a un niño de sólo doce años de edad, que padecía de Leucemia-; sabíamos que la cantaleta del fraude era una garrafal mentira. Aún los que estábamos contra el golpista: Batista, sabíamos que ello no era cierto. Otra garrafal mentira, que suelen repetir los comunistas; que la he escuchado decir, no sólo en la Cuba comunista, sino que también por los agentes castristas que viven en Miami: "Que él, Fulgencio Batista, era dos veces más malo que Fidel Castro. Pero yo, cuando oigo a un cubano decir semejante falacia, no cojo lucha por ello; ya que eso me sirve para saber quién es quién en Miami. Pero, si suelo hacerle un recordatorio, a quienes dicen tamaña falacia. Y, no porque yo sea un rabioso anti-comunista, sino porque yo era un furioso anti-Batistiano. Pues, por tradición familiar, era simpatizante del Partido Auténtico. El que había llevado a la presidencia a Carlos Prio Socarras. Al que, el Golpista: Fulgencio Batista, le dio el golpe de estado en el 1952. Y ello me sembró, en el espacio ideológico de mi cerebro, un odio implacable al golpista Fulgencio Batista. Pero un odio cristiano; un odio que no iba más allá de mis sentimientos ideológicos. Un odio que pensaba arrancármelo de las entrañas, votando en contra del golpista que sacó a Carlos Prío Socarras de la presidencia. Pero no poniendo bombas, matando niños y mujeres; ni matando a cubanos. Y que, muchas veces, yo descargaba ese odio ideológico, con los funcionarios del gobierno de Fulgencio Batista, entre ellos, un primo, que pertenecía a la Policía Secreta, del golpista. Hartas veces las discusiones se pasaban de calor; pero al final, todo quedaba entre cubanos. Y también; que por muy acalorada que se tornase las discusiones, nunca escuché a un batistiano decir: Te voy acusar de contra batistiano, en La Seguridad del Estado; ni siquiera me decían: si sigue hablando mal de Fulgencio Batista te voy a llevar preso. Y era que, los funcionarios del Gobierno de Batista, sólo llevaban presos a los que eran terroristas urbanos; los que ponían bombas en lugares públicos; en los Teatros y Centros Nocturnos; a los que solían dinamitar los trenes que iban cargados de jóvenes soldados, que pertenecían al Ejército Constitucional de la República; de jóvenes que habían jurado defender la Bandera de su Patria, y que los revolucionarios del 26 de Julio, que dirigía Fidel Castro, le hacían cobardes embocadas para matarlos a todos. En el recordatorio que le hago a los repetidores de consignas mal infundadas les recuerdo que Batista no les quitó las propiedades a los cubanos, ni eliminó los sindicatos. Muy al contrario, en su gobierno, los sindicatos obtuvieron las mejores conquistas laborales de la historia cubana. Que él, ni siquiera formó los malditos Comités de Chivatos, para que sus seguidores vigilaran al pueblo para, los que no fuera batistianos, llevárselo preso a La Cabaña: para que fueran fusilados, en el cruel Paredón revolucionario, por un extranjero; por un Che argentino. Pues, en su gobierno, jamás existió el Paredón. Y, también; que en su gobierno los presos eran juzgados por jueces calificados, y en los Tribunales Superiores de Justicia; y con derecho a tener un Defensor Legal. Como fue juzgado, después de haber asaltado y matado a varios soldados que, en el momento del asalto, se hallaban recluido en el Hospital Militar del Cuartel Moncada: Fidel Castro. ¿Mató Fulgencio Batista a Fidel Castro, por éste haber asaltado el Cuartel Moncada y matar a varios militares que se hallaban internado en el Hospital por estar enfermos? ¿Qué le hubiese pasado a Batista, si él hubiese asaltado un Cuartel Revolucionario, entrara al Hospital y matara a varios revolucionarios que estuvieran recluidos por estar enfermos? ¿Fidel Castro lo hubiese condenado a pasar cinco años en una prisión o lo hubiese matado ipso facto? Como se lo que haría:

Fidel Castro, le digo a ese cubano, de dudosa moral ciudadana, que tuvo el deshonor de decir que Batista era dos veces más malo que Fidel Castro: Que él, Fidel Castro, le hubiese celebrado un juicio sumarísimo, sin que Batista hubiese podido tener un Defensor Legal, y lo hubiese condenado a muerte antes que Batista hubiera podido decir: Zaldívar, su segundo apellido. Y, también, que en el gobierno del Golpista, fue cuando más alta estuvo la economía del País. Así es que cuando usted escuche a un cubano decir que Fulgencio Batista era un dictador: que era dos veces más malo que Fidel Castro Ruz; piense que él es: un terrorista urbano: un asesino de niños y mujeres; un guerrillero o un agente del gobierno cubano... O las cuatro cosas.

También existe otra consigna que fue dicha por Fidel Castro después del triunfo de su Revolución, y que ha sido repetida por sus seguidores comunistas; que, como la de Machado, es una gran falacia: Que los americanos eran los que mandaban en Cuba, antes del triunfo de la revolución. Eso Castro sabe que no es cierto; pero al ser una consigna elaborada por los ideólogos del Partido Comunista, sus miembros tienen que repetirla, sin cesar; ya que, al ser repetida se convertirá, para sus seguidores, en una sólida verdad. Pero lo cierto es que los americanos no mandaban en Cuba; pues, después de la abolición de la Enmienda Platt, en el 1934, ellos sólo eran nuestros mejores amigos, nuestros mejores clientes, y los mejores inversionistas.

–Ahora, después de haber conocido, más a fondo, tus inquietudes patrióticas, quiero preguntarte: ¿Cuál fue tu trayectoria política después del golpe de Estado dado por Fulgencio Batista? ¿Qué tu pensabas de Fidel Castro?

—Yo, por haber sido abandonado por mi padre, cuando apenas tenía tres años de edad, tuve que trabajar desde muy pequeño, para ayudar a mi madre en los gastos del hogar; hogar que no era nuestro; pues, vivíamos en casa de una hermana de mi madre: mi tía. Ello hizo que me convirtiera en un hombre prematuro; aunque siempre mantuve, quizá por haber salido a mi adorable madre, una postura jovial. En mi transitar por la vida, aprendí muchas cosas de ella; de la vida. Aprendí que los desengaños son las mejores lecciones para la experiencia; pues, cuando ellos llegan a nuestra vida, comenzamos conocer a la humanidad. Así dicta el viejo y sabio proverbio: Los golpes enseñan. Mientras más grandes son los desengaños más perdura en nuestras mentes. Y, por ende, más nos enseña. No es nada fácil sobreponerse cuando un ídolo se nos ha derrumbado; que hemos sufrido una amarga decepción. Como humano, he sufrido muchos desengaños. Mi abuela materna, que tanto adoraba, cuando llegué a la pubertad, pude darme cuenta que ella no me quería. Yo la amaba tanto, que ello me ocasionó una gran decepción. La cual pude eliminar, a través de los Evangelios. Pero ni los evangelistas de La Santa Biblia han podido arrancar de mis entrañas el mayor desengaño sufrido en el protervo mundo político, cuando apenas acababa de arribar a la senda de la pubertad: el derrumbe de mi más grande ídolo de los 1950's: Fidel Castro. ¿Por qué Fidel Castro era mi héroe favorito? Sólo haber vivido en la Cuba posterior a Don Tomás Estrada Palma —El único presidente que, no sólo fue honrado, sino que no dejó asomar la corrupción en los años que gobernó, hasta el golpista: Fulgencio Batista; haber leído el programa político del Movimiento 26 de Julio, y el manifiesto que escribiera Fidel Castro, estando preso en Isla de Pinos: La Historia me Absolverá; haber escuchado los comentarios que, todos los días, a las ocho de la noche, hacía Fidel Castro, por la Radio, desde la Sierra Maestra–, se puede comprender el por qué Fidel Castro era mi ídolo. No sólo el mío sino que también el del 80% del pueblo cubano. Son muchos los cubanos que combaten la represiva dictadura de Fidel Castro: diciendo que la Cuba anterior a la Revolución era la Octava Maravilla del Mundo. Pero ello no es cierto; pues, los comunistas, desde José Antonio Mella hasta Fidel Castro, implantaron en Cuba el perverso Camino de Yenan. El indigno Camino de Yenan: fue elaborado por los chinos, en la época de Mao Tse Tung. Mao solía decirle a los miembros del Partido: que el medio más efectivo y rápido para hacerse del poder en los países capitalistas era sembrar la corrupción entre sus dirigentes. Y el perverso Camino de Yenan encontró en Cuba a sus mejores clientes. Su implantación en Cuba fue tan efectiva, que aún hoy, los dirigentes cubanos son los más corruptos del Planeta. Pues, los comunistas cubanos se olvidaron del viejo y sabio proverbio, que dice: Crías cuervos y te sacarán los ojos. Y hoy, Cuba presume de tener la mayor cantidad de ladrones, per cápita, del Mundo.

En política, Cuba Republicana se había convertido en el país más podrido de las Américas; pues, hasta el pueblo se había prostituido; tanto que, si no le pagaban, ellos no votaban. Los políticos solían comprar los votos porque lo tomaban como una buena inversión. Pues, ellos invertían un millón de dólares, y se robaban doscientos millones. Esto no me lo contaron; yo tuve el deshonor de vivirlo, cuando niño, en mi natal Esmeralda. Y, en mi juventud, en la Capital Cubana: La Habana. Los candidatos le daban el dinero a los Sargentos Políticos, y éstos iban a las casas de los votantes y le compraban su voto. Fueron muchos los votantes que le vendían su voto a todos los Partidos. Y, el día de las Elecciones, votaban por el que más dinero les había dado. La plebe cubana se había prostituido tanto, en la venta y en la compra de los votos electorales, que el día de las Elecciones: se paraban frente al Colegio Electoral para subastar su voto. Los voceros de la subasta eran los representantes de los grupos de votantes. Los sargentos políticos eran los compradores. ¡Mis votos se los daré a quien mejor me los pague! —Gritaba el vendedor.

—¿Cuántos votos tienes? —Preguntaba el comprador.

—¡Veinticinco votos! —Respondía el vendedor.

—¡Te doy 500 pesos, constante y sonante, por todos los votos! —Decía el comprador.

—Una luca me propuso Ñico; y no se los vendí.

—Te doy luca y media por ellos (1500 pesos) y se acabó la discusión. Y, para que todo sea bien ordenado, el dinero está oyendo la conversación. —Ofrecía el comprador.

—¡Que sean dos Lucas! (2000 pesos)—Contra ofrecía el vendedor. Y los votos están oyendo la conversación.

¡Trato hecho! Aquí están las dos Lucas: Suelta el gallo (dame los 25 votos). Le decía el comprador.

—Aquí están, contantes y sonantes, mis 25 votos.

La implantación en Cuba del Camino de Yenan, tuvo tanto éxito, que en las Elecciones celebradas en 1958, los delegados de los Colegios Electorales se llevaban las urnas y se la entregaban al candidato que más les habían pagado. Ello, el votar si le compraban su voto, se convirtió en un hábito entre los votantes cubanos; pues, la mayoría en el exilio, tampoco salen a votar; ni siquiera los que están recibiendo beneficios del Gobierno Federal. Pues, como reza el viejo y sabio refrán: Lo que bien se aprende, nunca se olvida. A estos ciudadanos, los cubanos con vergüenza, es decir, la mayoría del exilio cubano, suelen llamarlos: Las yucas podridas. Estas yucas podridas son las que dicen, en los programas de Micrófonos Abiertos, que la Ley 187,para regular la entrada de indocumentados al País, fue hecha porque los Americanos practican la xenofobia. Que ellos discriminan a los Latinos porque son racistas. ¡Líbrame Señor de las Yucas Podridas; que del cáncer me libro yo! La suerte, para los que queremos una Cuba democrática; y con la honestidad de Don Tomás Estrada Palma; el primer presidente que tuvo la Cuba Republicana: 1902-06, es que la gran mayoría de las Yucas Podridas se quedaron en su propio hábitat: en Cuba. Y que, después del triunfo de la Revolución, se volvieron revolucionarios: se vistieron de milicianos, y ocuparon puestos clave para la represión comunista: Los Comité de Defensa de la Revolución, y en las Brigadas de Repuesta Rápida. Las yucas podridas, cuando se refieren al exilio de Miami dicen: ¿Pensaran que nosotros somos tontos? Ellos tratan de arrasarnos, para retrotraernos a la monstruosa injusticia anterior a la Revolución. Hay que admitir que las Yucas Podridas son catedráticos en el difícil arte de la paradoja. La mayoría de ellos no pelearon en la revolución, sino que apoyaron y vivieron de la "monstruosa" injusticia anterior al 1959. Que era mucho menos monstruosa y mucho más justa que la posterior al 1959. Tal vez, cuando Fidel Castro tomó la decisión de declarar su revolución: marxista-leninista, no pensó que sus peores enemigos serían las mismas yucas podridas que lo aplaudían; que ponían un letrero en sus casas: ¡Fidel, esta es tu Casa! Que, cuando Daniel Santos cantaba el estribillo de la canción que él le había compuesto a Fidel Castro: *"Si las cosas de Fidel son cosas de comunista, que me pongan en la lista que yo me quedo con él.* Los Yucas podridas la repetían noche y día. Que cuando el Che Guevara pedía Paredón para todos los que pertenecieron al Gobierno de Fulgencio Batista, y Fidel Castro para todos los que eran contra-revolucionarios, las Yucas Podridas repetían con el envilecido tono de los malvados, y con una impresionante sincronización: ¡Paredón! ¡Paredón! ¡Paredón! Si estos parásitos del infierno dejaron sin ojos a los gobiernos anteriores, al 1959; la Revolución no sería la excepción; pues, ellos son los que más han contribuido al descalabro de la otrora progresiva Isla Antillana; fueron los que le sembraron un odio salvaje y la han destruido; los que le han extirpado los ojos. Cuba está ciega. Pues, con el perdón de los cuervos, no existe un ente que se parezca más a un endemoniado cuervo, que una Yuca Podrida. Pues, no son: ni filántropos ni agradecidos ni patriotas: son parásitos. Siempre he pensado que ellos, las Yucas Podridas, son los que mejores asimilaron el feroz Camino de Yenan. Esto quiere decir: que ellos son un producto del ceñudo

Camino de Yenan. ¿Será pura coincidencia el gran parecido de una Yuca Podrida con un comunista? Esto se los dejo de tarea. Hasta en la religión Cuba estaba podrida. Mientras las iglesias se iban vaciando las casas de los Santeros se iban llenando. La infame corrupción cubana había destruido hasta la filantrópica fe cristiana. Esa fue la República que heredamos los jóvenes de los 1950's. Por ello, y por la ignorancia que suele acarrear la pubertad, fue que nos convertimos en revolucionarios. Pues, como dijera el político y escritor británico Benjamín Disreali: No somos criaturas de las circunstancias; somos creadores de las circunstancias. Esas fueron las razones del porqué el 80% de los cubanos simpatizaban con Fidel Castro. Es cierto que los jóvenes cubanos fuimos víctimas de los que   fomentaron el abyecto Camino de Yenan; pero también es verdad que los cubanos eran el caldo de cultivo perfecto para su implantación. Y eso lo sabía Fidel Castro. Él fue uno de los principales ejecutores de esa sañuda filosofía. Fue por ello que Fidel nos engañó; que nos convirtió en víctimas del Camino de Yenan. Pero lo que teníamos que hacer, los cubanos que pertenecemos al grupo de los que sentimos una nauseabunda repugnancia por aquéllos que le cortaron la cabeza en la inmunda guillotina, a la Reina de Francia: Maria Antonieta; los que éramos dueños de un corazón cristiano, es lo que yo hice, cuando me di cuenta, en su primera intervención y en su primer fusilado, que Fidel Castro era el farsante más grande que había tenido la isla de Cuba; que había engañado a los cubanos–, que ni le creí sus mentiras cuando decía que los yanquis iban a invadir a Cuba; que no me vestí de miliciano, ni apoyé su Revolución;

que en los primeros días del triunfo sentí un enorme desencanto al ver como la mayoría de los cubanos, de todas las razas y todas las edades, no sólo se vestían de miliciano, sino también que gozaban los fusilamientos y disfrutaban harto las intervenciones. Ello me sirvió para darme cuenta que Cuba estaba súper poblada de Yucas Podridas. Que, por ende, la perderíamos. Pues, recordé la máxima que suelen usar los politólogos: *Cada país tiene el gobernante que se merece.* ¿Y qué gobernante se merece un país donde la mayoría de sus habitantes son Yucas Podridas? ¿Qué se atiborran de placer cuando ven que le están interviniendo la propiedad a un honesto ciudadano? ¿Qué gozan de un orgasmo sin límites cuando ven como el Che Guevara fusila a un noble cubano en el nauseabundo Paredón revolucionario? El Filosofo chino: Confucio, decía: *Cuando te caigas, levántate con una piedra en la mano para que no pierdas la caída.* Ello fue lo que hice, cuando me di cuenta que las Yucas Podridas estaban cooperando con Fidel Castro, en la destrucción de Cuba. Pues, pensé: Esta caída que he tenido, el perder al pedazo de tierra que más amo en este mundo: a mi Cuba, me ha dejado una enseñanza: Que todo el que disfrute las intervenciones de propiedades privadas y que goce los fusilamientos: es una Yuca Podrida. Pues yo, a pesar de nacer en una cuna muy pobre, y haber sido abandonado por mi padre cuando sólo tenía tres años de edad, no envidio a los que han tenido la suerte de haber progresado, sino que los felicito y trato de imitarlos. Y, las Yucas Podridas son seres atiborrados de envidia. Ellos suelen decir: Si yo no tengo un automóvil, o una buena casa que nadie la tenga. Por ello: Fidel Castro, pártele la Siquitrilla a todos los ricos.

Winston Churchill; uno de los más grande estadistas del siglo XX, describió a las Yucas Podridas cuando yo aún no había arribado a la mayoría de edad:

El socialismo es una filosofía del fracaso, el credo de la ignorancia y el evangelio de la envidia; su virtud inherente es la distribución equitativa de la miseria.

Que suerte he tenido. Hoy es un día que jamás olvidaré. Eres un cubano que, amén de querer mucho a Cuba, adoras a este país: los Estados Unidos. Tú eres un democrático de Tiempo Completo. Y lo que más me ha emocionado es que, después que comencé a narrarte mi historia, de tus ojos comenzaron a brotar lágrimas. Y, hubo varios momentos en que ambos estábamos llorando. Y, para muestra un botón: ahora ambos lo estamos haciendo.

–Ello puede deberse a que, amén de haber perdido a la patria, nosotros somos asilados políticos. Y, no sé si a ti te suceda los mismo; pero cuando escucho ambos himnos: el Nacional Cubano, y, el de mi segundo País: los Estados Unidos de Norteamérica, me convierto en un sauce llorón. Que son muchas las veces que, cuando escucho el himno de este país, con el pensamiento le digo a mi amada Cuba: No te ponga celosa: cubita de mi alma, porque un hijo tuyo llore cuando escucha el himno de una tierra que no es la tuya. Pero, no olvides: tierra mía, que los hijos que han sido adaptados por padres, que son bien bondadosos, suelen querer mucho a sus padres adoptivos. Que, por ello, yo se que tu das el mejor tabaco del mundo; pero también que éste, mi país de adopción; entre las tantas cosas que él produce, y que son catalogadas como las mejores del mundo; hoy día produce el mejor vino del mundo, en el bello estado de California, y en su famoso Valle de Napa.

Bueno, mi estimado paisano, a llegado la hora de irme. Créeme que, para mí, ha sido un gran placer el haberte conocido. Espero verte muy pronto: tal vez mañana. Ahora deme un abrazo, paisano, y que el Señor nos proteja.

—Quiera el Señor que así sea: Nos veremos mañana.

Después que nos dimos el abrazo, comencé a pensar: Por mis venas corre sangre española. Entonces, grité en silencio: ¡Que viva España! Pero la del tatarabuelo; porque la España de Felipillo... Valió un Carajillo.

Cuando me dirigía hacía mi casa, al pasar por la Caseta de los Salvavidas, éste me dijo: ¡Caballero! Yo, desde esta Caseta, pude notar cómo usted, después de encontrarlo llorando, se sentó al lado de aquél señor y lo calmó. ¿Qué fue lo que usted le dijo a ese señor para calmarlo?

—Nada, hermano; sólo le ayudé a llorar.

Manolo Sabino.